KB076001

식탁 위의
세계사

창비청소년문고 5

식탁 위의
세계사

이영숙 지음

창비
Changbi Publishers

들어가며

세계사, 하면 고개부터 내젓는 학생들 혹시 있나요? 머리부터 아
파 오는 친구들 말이에요. 그런데 세계의 역사를 아는 것은 사실 굉
장히 유용한 일이랍니다. 우리가 살아가는 지금 세상의 이치가 그
속에 담겨 있거든요.

생각해 보면 저도 학창 시절에는 세계사가 어렵고 싫었던 것 같습
니다. 시험을 봐야 하니 마지못해 공부했는데, 오스트랄로피테쿠스
시절부터 현대사에 이르기까지 주르르 나열된 세계사 교과서는 따
분하기만 했어요. 시험 치고 돌아서자마자 잊어버리기 일쑤였습니
다. 시대와 사건 순서대로 연표만 달달 외우는, 수박 겉핥기식 공부
였으니 그럴 만도 했지요.

그러다가 대학교 3학년 때 한 달쯤 일본 여행을 다녀온 뒤로 바깥
세상에 대한 관심이 싹텄어요. 이 세상에 정말 다양한 사회와 문화,
역사가 있다는 것을 깨달았거든요. 그 후 교사로 일하면서, 또 해외
에서 국제 학교 교사로 지내면서 세계사에 대한 관심은 더 깊어졌습
니다. 뉴스를 보다가 의문이 드는 부분을 찾아보면 오늘날 벌어지는

들어가며

5

많은 논란거리들이 과거의 사건과 맥락이 닿아 있음을 알게 되거든요. 예를 들어 지금 이스라엘과 팔레스타인 사람들이 싸우는 이유는 그들의 역사를 모르고서는 이해하기 힘든 법이잖아요. 이렇게 이유를 찾아 나가다 보니까 역사처럼 재미있는 공부도 드물다고 생각하게 됐어요.

식구들의 식탁을 챙기는 주부이자 엄마여서일까요? 저는 매일 마주하는 식탁 위의 음식과 재료들에도 온 세계가 들어 있다는 생각을 자주 합니다. 식탁에 오르는 재료들과 관련된 역사, 그 음식들이 환기하는 사건과 인물들만 짚어 보아도 정말 다채롭고 풍성하다는 것을 느껴요. 이 책에 담긴 이야기 중에는 실제로 제가 아이들과 밥 먹으면서 나눴던 이야기도 많답니다. 친근한 열 가지의 먹을거리를 연결 고리로 삼았으니, 가벼운 마음으로 이야기를 음미해 주세요. 편안히 듣다 보면 조금씩 역사에 관한 지식이 쌓이게 될 거예요. 그러다 보면 여러분 스스로도 세계사에 대해 좀 더 찾아보고 싶은 마음이 생기지 않을까요? 세계사는 결코 책 속에 박제되어 있는 학문이

아닙니다. 먼 곳에 존재하는 것도, 어려운 것도 아니에요. 우리 삶의 곳곳에 스며 있어요. 생활 속에서 세계사를 발견하는 재미를 함께 나누고 싶습니다.

이 자리를 빌려 감사 인사를 드리고 싶은 분들이 많습니다. 우선 부족한 제 원고에 눈길을 주시고 선택해 주신 심사위원 선생님들께 진심으로 감사드립니다. 또한 늘 배움의 중요성을 강조하시고 실천해 보이셨던 아버지와, 가족을 위해 항상 맛깔스러운 음식을 준비해 주시던 어머니께도 감사드립니다. 늦게나마 자그마한 결실을 보여 드릴 수 있어 기쁩니다. 남편과 세 아이에게도 고맙고 미안한 마음 전하고 싶습니다. 그리고 유난히 손이 많이 가는 이 책을 멋지게 편집해 주신 창비 출판사 여러분들께, 특히 시종 꼼꼼하고 세심하게 챙겨 주신 정소영 편집자님께 감사드립니다. 유익한 책 쓰기 위해 항상 노력하겠습니다.

이영숙

차례

감자

아일랜드 사람들이
영국에 품은 원한

potato

얘들아, 간식 먹자. 엄마가 감자 쪘어. 어때, 냄새도 구수하고 맛있겠지? 햇감자라 푸슬푸슬하니 맛도 아주 그만이야. 얼른 이리 와서 앉아 봐. 감자를 두고 이렇게 둘러앉으니까 떠오르는 그림이 하나 있네. 고흐가 그린 「감자 먹는 사람들」 말이야.

어때, 우리처럼 둘러앉아 김이 나는 따뜻한 감자를 먹고 있지? 응? 그림 속의 사람들이 좀 피곤해 보인다고? 맞아. 배경도 어둡고 사람들의 옷차림도 표정도 밝지 않지. 이 그림은 고흐가 1885년에 그린 것인데, 동생에게 쓴 편지에서 이 그림을 그린 의도를 밝혀 놓았어. "나는 램프 불빛 아래서 감자를 먹고 있는 사람들이 접시로 내밀고 있는 손, 자신을 닮은 바로 그 손으로 땅을 팠다는 점을 분명히 보여 주려고 하였다."라고 말이야.

그래, 이 가족에게 감자는 간식이 아니라 한 끼 식사였어. 감자는 이렇게 배고픈 사람들을 먹여 살리는 소중한 작물이었어.

프렌치프라이, 포테이토칩, 피시 앤드 칩스……

요즘은 감자를 간식으로 많이들 먹는 것 같아. 예를 들어 햄버거 가게에 가면 흔히 볼 수 있는 프렌치프라이 같은 거 말이야. 가느다란 막대기 모양으로 썰어서 튀겨 낸 감자튀김, 너희도 잘 알지? '프렌치(french)'는 영어로 '프랑스의', '프랑스식의'라는 뜻이야. 하지만 원래 '프렌치프라이'는 프랑스가 아니라 플랑드르 지방의 음식이래. 플랑드르가 어디인지 모르겠다고? 플랑드르는 지금의 벨기에 지역에 해당하는 곳이야. 영어식으로 발음하면 '플랜더스'지. 가난한 소년 네로와 파트라슈가 나오는 동화 『플랜더스의 개』 알지? 그 이야기의 배경이 바로 플랑드르의 시골 마을이거든. 벨기에식 이름으로는 '폼 프리츠'인 이 튀긴 감자 요리가 어떻게 '프렌치프라이'라고 알려진 것일까? 제1차 세계 대전 때 벨기에에 주둔했던 미국 병사들이 자국에 돌아가 프랑스 요리로 착각하고 퍼뜨렸다는 설이 있어.

감자로 만든 또 다른 인기 군것질거리로는 포테이토칩이 있지. 포테이토칩의 유래는 참 재미있어. 미국 뉴욕 근처의 작은 레스토랑에서 어떤 손님이 감자튀김을 시켜 먹었는데, 감자가 너무 두껍고 설익어서 맛이 없다고 불평을 했나 봐. 그 말을 들은 괴짜 레스토랑 주인이 주방장한테 아예 감자를 포크로 찍을 수도 없을 만큼 얇게 썰어서 튀기라고 했대. 그런데 이 음식이 의외로 반응이 좋아서 계속 만들게 된 거지.

그 밖에 영국의 대표적 음식으로는 튀긴 생선에 감자칩을 곁들인 '피시 앤드 칩스'가 있어. 독일은 으깬 감자와 소시지가 유명하고.

이렇게 간식으로든 식사에 곁들여서든 요새는 감자를 널리 먹는데, 감자가 유럽에 전해진 건 의외로 그리 오래전 일은 아니라고 해. 게다가 한참 동안 '악마의 과일'이라고 불리면서 외면받았다는구나.

악마의 과일? 돼지나 먹는 것?

감자는 오늘날 유럽 요리에서 빠져서는 안 될 재료가 되었지만, 본래 남아메리카의 적도 부근에서 재배하던 식물이야. 그러다 16세기 대항해 시대에 스페인 탐험가들이 유럽으로 가져간 거지. 그런데 처음 들여왔을 때는 유럽 사람들이 전혀 좋아하지 않았대. 컴컴한 땅속에서 자라니까 음침하게 느껴졌던 모양이야. 게다가 껍질도 벗기지 않고 날것으로 먹다가 탈이 나기도 했지. 감자 싹에는 솔라닌이라는 독소가 있거든. 그 부분만 도려내고 먹으면 되는데 그걸 몰랐던 거야. 그래서 심지어는 먹으면 나병에 걸린다는 소문까지 돌았다나 봐. 하긴, 원래 낯선 음식을 보면 선뜻 먹고 싶은 마음이 들지 않잖아. 먹어도 괜찮을지 걱정도 되고 말이야. 감자를 처음 본 유럽 사람들은 모양이 울퉁불퉁한 게 석연치 않았던 것 같아. 1630년 프랑스의 브장송 의회에서는 "감자를 먹으면 나병에 걸리므로 재배를 금한다."는 결정을 내리기도 했대.*

프랑스어로는 감자를 뭐라고 부르게? '폼 드 테르(pomme de terre)'라고 해. '폼'은 사과, '테르'는 땅이니까 '땅에서 나는 사과'인 거야. 재미있는 이름이지? 감자를 열매 비슷한 걸로 생각했나 봐. 땅속에서 자라니까 감자가 무나 당근처럼 뿌리 부분이라고 오해할 수는 있어도 열매는 좀 심하다, 그치? 뭐? 뿌리가 맞지 않느냐고? 아니야, 사실 감자는 줄기 부분이란다. 영양분을 줄기에 저장해서 굵어지는 거래. 우리는 그 덩이줄기를 캐서 먹는 거지. 아 참, 그렇지만 고구마는 뿌리 식물이라는 사실도 기억해 두렴.

하여간 유럽으로 흘러 들어간 감자는 처음에는 그렇게 사람들이 좋아하지 않아서 돼지 사료나 전쟁 포로들의 식량으로만 사용했대. 그러다 별 이상이 없는 것이 확인되자 점차 더 널리 먹게 된 거지. 그렇게 되기까지 거의 200년이 걸렸다니 선입견이란 게 참 무서운 거구나 싶어.

흉년 따위로 굶주림이 심할 때 주식물 대신 먹을 수 있는 농작물을 '구황 작물'이라고 불러. 감자처럼 가뭄이나 장마에 비교적 영향을

• 지바현 역사 교육자 협의회 세계사부 엮음 『물건의 세계사』, 김은주 옮김, 가람기획 2002, 27면.

적게 받고 비옥하지 않은 땅에서도 가꿀 수 있는 작물이지. 프로이센의 황제 프리드리히 빌헬름은 감자 재배를 크게 확대했고, 1744년에는 프리드리히 2세가 군대의 감시 아래 감자를 키우고 보급했대. 왜 군대의 감시가 필요했느냐고? 앞서 말한 것처럼 사람들이 감자 농사를 꺼렸으니까. 그래서 프리드리히 2세는 군대에 명령해서 감자의 운반과 재배, 보급 등을 담당하게 하고 거의 강제로 재배하게 한 거야. 이후 감자는 널리 보급되어서, 프로이센이 오스트리아와 7년 전쟁을 벌일 때 군의 전투 식량이 되어 프로이센이 승리하는 데 큰 역할을 했단다. 그래서 일부에서는 7년 전쟁을 '감자 전쟁'이라 부르기도 하고 프리드리히 2세를 '감자 대왕'이라는 애칭으로 부르기도 했어. 그가 살던 상수시(Sanssouci) 궁전에는 그를 기리는 묘석이 있는데, 오늘날에도 참배객들이 그 위에 감자를 올려놓아 감자를 보급하는 데 앞장섰던 그의 공을 기리고 있어.

프랑스의 루이 16세와 마리 앙투아네트도 감자 보급에 애썼다는 기록이 있어. 1770년 프랑스에 흉년이 들어 기근이 심각했을 때 감자 덕분에 겨우 어려움을 극복했대. 그래서 이듬해인 1771년, 프랑스의 한 아카데미에서는 파르망티에(A. Parmentier)라는 농학자 겸 화학자에게 상을 수여했어. 감자를 소개하고 감자 재배를 장려한 공으로 말이야.* 그가 마리 앙투아네트 왕비에게 감자 꽃으로 꽃다발

---

* 그는 7년 전쟁에 참전했다가 독일군의 포로가 되었는데, 그곳에서 감자를 처음 먹어 보았다. 당시 독일군은 돼지와 프랑스 포로에게만 감자를 먹였기 때문이다. 주경철 『문화로 읽는 세계사』 사계절 2005, 296면.

농학자 파르망티에. 프랑스에 감자 재배를 장려한 공을 인정받아
그의 이름을 딴 감자 요리가 있을 정도이다.

을 만들어 보내자 귀부인들이 앞다투어 이를 따라 했다는 일화도 있
어.* 낭만적이고 목가적인 분위기를 좋아했던 루이 16세와 마리 앙
투아네트는 50에이커의 땅에 감자를 시험 재배하게 했어. 그때까지
만 해도 감자라면 가축의 먹이쯤으로나 알고 있던 프랑스 백성들도
검을 찬 화려한 호위병들이 감자밭을 지키는 모습을 보자, 왕이 군
대까지 동원해서 경비할 정도라면 그리 나쁜 것은 아니겠다고 짐작
하게 된 거지. 그리하여 경비가 느슨해진 밤에는 호기심에 감자를
훔쳐 가는 사람들까지 생겨나면서 더욱 널리 퍼진 거야. 농민들의

• 역사 교육자 협의회 엮음 『나만 모르는 유럽사』, 양인실 옮김, 모멘토 2004, 154면.

감자

관심을 끌기 위해 일부러 호위병들을 세워 두었다는 말도 있어. 그 이후 1789년에 혁명이 일어나자 혁명 정부는 감자를 프랑스 전역에 보급해서 사람들의 배고픔을 달래 주었대.

아일랜드에 몰아닥친 감자 기근

2011년 5월 17일, 영국 여왕 엘리자베스 2세가 아일랜드를 방문한 적이 있어. 옆의 사진들이 그때의 모습이야. 위쪽은 영국 여왕이 아일랜드 대통령과 함께 아일랜드 독립 추모 공원에 들러서 헌화하고 묵념하는 장면이야. 이 추모 공원은 영국으로부터 독립을 이루기 위해 노력한 아일랜드 사람들을 기리는 곳이라서 큰 의미가 있지. 아래 사진은 여왕 방문에 반대하는 아일랜드 시민들의 시위 모습이고.

영국과 아일랜드는 이웃 나라이면서도 내내 으르렁거리던 사이야. 영국의 군주가 아일랜드 땅을 밟은 것은 1921년 아일랜드가 독립 전쟁의 결과 영국과 분리된 이래 처음 있는 일이고 1911년 조지 5세가 방문한 지 100년 만의 일이라고 하니, 두 나라 사이의 감정의 골이 얼마나 깊었는지 짐작되지? 도대체 이 두 나라는 왜 이렇게 소원한 사이가 되었을까? 언어나 생활 방식의 차이도 이유가 되겠고, 청교도 혁명을 이끌었던 영국의 독재자 크롬웰(Oliver Cromwell)이 아일랜드 가톨릭 신자들의 토지를 몰수했던 탓이기도 하지만, 감자도 여기에 한몫했어.

2011년 5월 17일 아일랜드 독립 추모 공원에서 헌화한 뒤 묵념하는
영국의 엘리자베스 2세와 아일랜드의 메리 매컬리스 대통령.

당시 영국 여왕의 아일랜드 방문을 반대하는 시위가 있었다.

감자

1845년에 '아일랜드 감자 대기근'이라 불리는 사건이 일어나거든. 아마도 이것이 감자에 얽힌 역사적 사건 중 가장 큰일이 아닐까 싶어. '대기근(The Great Hunger)'이라는 표현에서 짐작할 수 있듯이, 감자의 작황이 굉장히 좋지 않아서 수많은 아일랜드인들이 기아에 허덕인 사건이야. 아일랜드에서 감자는 18세기 이후부터는 주식으로 받아들여지고 있었거든. 그러던 중에 감자에 심각한 병충해가 생긴 거야. 수많은 사람이 굶어 죽고, 살아남은 사람들 중에도 많은 수가 굶주림을 면하기 위해 미국 등 다른 나라로 이민을 갔어. 그해에는 유난히 날씨도 춥고 눈도 많이 내렸대. 설상가상으로 열병과 유행성 이질까지 퍼져서 도저히 살아 나갈 희망이 보이지 않았지. 사람들은 살기 위해 조국을 떠날 수밖에 없었어. 당시 신대륙으로 이주한 유럽 사람 다섯 명 가운데 네 명이 아일랜드 사람이었다고 하는구나.

아일랜드는 어디에 있을까? 영국의 바로 옆에 자리하고 있어. 정식 명칭은 아일랜드 공화국이야. 영국과 마찬가지로 섬 나라지. 하지만 영국에 속한 나라라거나 영국과 비슷한 나라일 거라고 생각하면 안 돼. 한국이 중국과 일본 사이에 있다고 해서 한국 사람이 중국 사람이나 일본 사람과 거의 비슷할 거라고 생각하는 외국인이 있다면 우리 입장에서는 얼마나 황당하고 섭섭하겠니? 아일랜드도 마찬가지야. 영국에 가까이 있다뿐이지, 언어도 종교도 문화적 특성도 다르거든. 아일랜드인은 켈트 족인 데 비해 영국인은 앵글로색슨 족이고, 아일랜드는 게일어를 쓰지만 영국은 알다시피 영어를 쓰지.

아일랜드는 가톨릭을 믿어 온 반면, 영국은 헨리 8세 이후로 영국 국교회를 믿고 있어.

그런데 영국이 어떤 나라니? 세계 곳곳에 식민지를 둔 '대영 제국'이던 나라잖아. 그 위세가 너무 커서 '해가 지지 않는 나라'라고 불리던 때도 있었어. 그러니 바로 옆에 붙어 있던 아일랜드는 잘나가는 영국의 먹잇감이 되기에 딱 좋았지.

영국은 아일랜드를 이리저리 간섭하고 수탈했어. 아일랜드 가톨릭 신자들의 땅을 강제로 몰수해서 영국의 청교도들에게 나누어 주는 바람에 두 나라 사이의 갈등의 골은 정말 깊어졌지. 아일랜드 사람들은 영국의 부당한 처사에 대해 여러 번 저항했단다. 대표적인 것으로 1798년의 아일랜드 봉기를 들 수 있는데, 이때 봉기에 가담했다가 군사 법정에 회부된 사람 중에 울프 톤(Wolfe Tone)이라는 아일랜드인이 있었어. 그는 법정에서 이렇게 말했다고 해.

"어릴 때부터 나는 영국과 아일랜드의 관계가 아일랜드 국민에게는 저주라고 여겼으며, 그 관계가 지속되는 한 이 나라는 자유로울 수도 행복할 수도 없다고 확신했소."•

그는 군인답게 죽을 수 있도록 총살형을 요청했지만 거절당했어. 그러자 교수형이 집행되기 전에 자살로 생을 마치고 말았단다.

사실 아일랜드와 영국의 역사를 보노라면 마치 우리나라와 일본 같아서 아일랜드 사람들에게 공감이 될 때가 있어. 우리나라가 일본으로부터 식민 지배를 받으며 고통을 겪은 것처럼, 아일랜드도 영국의

• 제임스 잉글리스 『인류의 역사를 뒤흔든 말, 말, 말』, 강미경 옮김, 작가정신 2011, 132면.

식민 지배를 받았거든. 물론 영국이 아일랜드를 침공한 것은 1500년 대의 일이고, 통치를 한 기간이 수백 년이나 된다는 점은 우리와 다르지만, 독립을 원하는 나라를 무력으로 통치했다는 본질적인 면에서는 같아. 일본이 토지 사업이라는 핑계로 한반도의 땅을 빼앗고 식량을 차출해 갔던 것처럼, 영국도 아일랜드의 토지를 이리저리 빼앗아서 자국민들에게 나눠 주고 아일랜드 땅에서 나는 곡식을 헐값에 가져갔어. 아일랜드 국민들은 값나가는 곡식이나 농산물 대부분을 영국에 뺏기고 난 뒤, 아메리카 대륙에서 도입된 감자를 더 많이 먹게 됐지.

그러다 앞서 말한 것처럼 1845년에 큰일이 났어. 밭에 심은 감자가 온통 썩어 버린 거야. 감자 마름병이라는 병충해에 걸렸던 것인데, 이 병은 전염성이 강해서 아일랜드 전역의 감자밭을 뒤덮어 버렸어. 감자 농사를 전부 망쳤지. 아일랜드의 농토에는 대체로 감자만 심어져 있었기 때문에 더 큰 피해를 입게 됐어.

왜 다들 감자만 심었느냐고? 사실은 다른 작물도 있었는데, 당시 영국이 아일랜드의 농작물을 다 수탈해 가면서 상품성이 떨어지는 감자만은 캐지 않고 남겨 두었거든. 그래서 감자는 아일랜드 사람들의 소중한 먹을거리가 되었는데, 마침 아일랜드의 거친 토양과 기후에도 잘 자라는 작물이기도 했던 거야. 게다가 수확하기도 요리하기도 편하니까 여러모로 좋았지. 빻거나 반죽하거나 발효시킬 필요도 없이 그냥 물만 부어 삶기만 하면 됐거든. 병충해가 문제였지만.

썩어 가는 감자를 보고 아일랜드 사람들은 가슴이 철렁 내려앉았어. 모두들 낙담했고, 충격에 빠졌지. 대체할 작물 없이 오직 감자에만 의존해 오던 터라, 감자 흉작은 곧 아일랜드 사람들에게 치명적인 재앙이 될 수밖에 없었어. 감자 대기근이 끝난 1851년의 기록에 따르면 이 일로 백만 명이나 되는 사람들이 굶어 죽었고, 백만 명은 기아를 피해 미국 등 다른 나라로 이민을 갔다고 해.* 전 재산을 털어 배를 타고 미국에 당도한 아일랜드인들은 도착 당시에 대부분 무일푼이었어. 그래서 아일랜드 이주민들은 대개 보스턴 해안가에 눌러앉았대. 미국 대통령 존 F. 케네디의 선조도 이때 이민을 간 아일랜드 사람이었어. 신문을 보니까 버락 오바마 대통령의 외가 쪽도 아일랜드계라고 하더구나. 지금이야 이렇게 성공한 후손들도 나오곤 하지만, 당시에 미국 땅에 발을 디딘 아일랜드 사람들의 심정은 정말이지 참담함 그 자체였을 거야.

감자 대기근은 아일랜드 전체를 뒤흔든 사건이었던지라 지금도 아일랜드 교과서에 자세히 서술되고, 수도 더블린에는 그때 그 사건을 기념하는 조각상들이 세워져 있단다. 하나같이 비쩍 마른 몰골로 누더기 옷을 걸치고 있어. 굶주려 죽은 걸로 짐작되는 아이를 품에 안은 채 망연자실한 모습도 있고. 당시의 참상을 짐작할 만하지.

그런데 영국인 지주들은 그 와중에도 원조는커녕 아일랜드에서 계속 곡물을 공출해 갔어. 굶주려 죽어 가는 사람들을 두고 어떻게 그럴 수가 있었는지 의아하지 않니? 영국인 지주들에게 아일랜드는 단지 이윤을 추구하기 위한 기지일 뿐이었던 거야. 아일랜드 사람들

• 지바현 역사 교육자 협의회 세계사부 엮음 『물건의 세계사』 29면.

더블린에 있는 아일랜드 대기근 기념상. 기근으로 인한 당시의 참담함이 잘 표현되어 있다.

의 생활은 그들의 관심 밖이었어. 아일랜드 사람들은 영국이 '세상에서 가장 잘사는 나라'이면서도 바로 옆의 자기들이 굶주려 죽어 가는 것을 그냥 내버려 두었다고, 이것은 인종 학살 정책과 다를 바 없다며 분개했단다. 뒤늦게 빅토리아 여왕을 비롯해서 영국 사람들이 원조를 보내 왔고, 신대륙으로 이민 간 아일랜드 사람들의 지원 덕에 아메리카에서도 원조가 전해졌지만, 시기적으로 너무 늦은 데 다 그 양도 피해에 비해 보잘것없었단다.

그래서일까? 감자 기근을 겪고 난 다음에 아일랜드는 영국으로부터 독립하려고 거세게 들고일어났어. 감자 마름병이 돌고 흉년이 되는 건 하나님의 뜻이었다 하더라도 대기근으로 번진 것은 철저히 영국 탓이라고 믿었거든. 그러면서도 아일랜드는 여전히 영국의 식민지였기 때문에 제1차 세계 대전이 일어났을 때는 영국의 편에 서서 참전해야 했어. 식민지 조선의 남자들이 일본군으로 뽑혀 갔던 것처럼 말이야. 참전했던 아일랜드 군인들 중 전사자가 5만 명 가까이 발생했지. 아일랜드의 독립을 위한 투쟁은 내내 계속되었어. 그러다 큰 사건이 터지고 말았어.

1920년 11월 21일 더블린의 크로크파크 경기장에서 아일랜드식 축구 경기가 벌어지고 있었는데, 영국군이 쏜 총에 맞아 선수와 관중 14명이 숨지고 60여 명이 부상당한 거야. 아일랜드 공화국군(IRA)이 영국 정보 요원을 암살한 데 대한 보복으로 총을 쏜 거라고 해. 그날이 일요일이어서 아일랜드에서는 그날을 '피의 일요일'이라 부르지. 일주일 뒤에는 아일랜드 측이 영국군 정찰대 18명을 살해했어. 보복에 보복이 거듭됐고 전쟁 규모로까지 확대되어 갔어. 1921년 1월에서 7월까지 6개월 동안에 양측의 군인과 민간인을 합해 1,000명 이상이 죽었으니까. 희생이 커지자 양측은 결국 1921년 12월 6일 런던에서 휴전 협약을 맺었단다. 이로써 아일랜드는 마침내 자치를 인정받게 되었지.

하지만 독립을 이뤘다고 바로 시련이 끝나고 행복이 시작된 건 아니야. 그 이후로도 두 나라 사이에는 과거사 문제로 앙금이 남아 있고, 아직도 북아일랜드가 영연방에 속해 있어서 이를 두고 계속 갈등을 빚고 있거든.

북아일랜드에서는 불과 몇 년 전인 2009년에도 테러가 발생했단다. 영국으로부터 독립하는 것을 목표로 하는 '우리들 자신'이라는 뜻의 '신 페인(Sinn Fein)' 당도 있고, 북아일랜드 사태를 다룬 영화도 종종 제작될 만큼 북아일랜드는 세계의 분쟁 지역 가운데 하나로 꼽히고 있어.

최근 아일랜드는 1인당 국민 소득이 영국을 뛰어넘을 정도로 경제가 나아진 적도 있었지. 경제적인 여유 덕분인지, 점차 영국에 대한 적대감도 사라져 갔어. 그러나 2008년 미국으로부터 시작된 세계 금융 위기로 인해 아일랜드 경제는 다시금 크게 흔들리게 돼. 외국인의 투자를 유치하는 등 금융 산업을 중심으로 성장했던 터라, 세계 금융이 위기에 처하자 아일랜드는 유럽의 어느 국가보다도 더 심한 타격을 입었던 거야. 게다가 이 타격은 아일랜드에만 미친 게 아니라 유럽 연합 회원국 모두에 총체적인 그늘을 드리웠어. 결국 아일랜드는 국제 통화 기금에 구제 신청을 했고, 유럽 연합 회원국 중 그리스에 이어 두 번째로 구제 금융을 받게 되었지.

영국의 오랜 식민 통치로 신음했던 나라, 감자 대기근으로 인구가 절반으로 줄어드는 비극의 역사를 겪었던 아일랜드가 또다시 위기에 처해서 안타까웠지. 하지만 같은 처지였던 이탈리아나 그리스, 스페인과 달리 아일랜드는 긴축 재정과 임금 동결 등을 하면서 정부와 국민이 합심해서 2013년 12월에 일찌감치 구제 금융을 졸업했어. 게다가 이후 높은 경제 성장률을 보여 세계에 귀감이 되었지. 또 한 번 위기를 잘 극복한 아일랜드에 박수를 보내자꾸나.

소금

간디의
비폭력 저항

엄마는 지금 식탁 위에 놓여 있는 작은 소금 통을 바라보고 있어. 값비싼 재료를 사용하고 온갖 솜씨를 부려 만든 요리라 해도 간이 맞지 않으면 아무 소용이 없지. 작지만 소중한 식탁 위의 터줏대감 소금. 자, 오늘은 소금 얘기를 해 볼까? 소금이 보잘것없는 양념일 뿐이라고 생각했다면 앞으로는 생각이 달라질걸? 지금부터 엄마 얘기를 잘 따라와 봐.

소금을 만들어 내는 맷돌 이야기

너희는 소금 하면 뭐가 떠오르니? 엄마는 동화책에서 읽은, 뭐든 만들어 내는 맷돌 이야기가 제일 먼저 생각나. 옛날에 무엇이든 만들 수 있는 맷돌이 있었는데, 누군가가 그 맷돌을 훔쳐서는 배를 타고 바다 한가운데에 나가서 "소금을 만들어 다오." 하고 빌었다는 이야기. 그래서 맷돌에서 소금이 계속 흘러나와 배를 가라앉혔고, 함께 바다 밑으로 깊이 가라앉은 맷돌에서는 지금도 소금이 계속 나오고 있다는 이야기 말이야. 엄마는 어려서 이 이야기를 읽으면서 조금 의아했어. 다른 좋은 것도 많은데 왜 하필 짜기만 한 소금을 달라고 했는지 궁금했거든.

조금 커서는 생각이 달라졌어. 이야기의 결말에서 바닷물이 짠 이유가 바로 소금이 나오는 맷돌 때문이라고 알려 주는데, 만약 소금이 아니라 돈, 초콜릿, 찐빵, 우유 따위를 만들어 달라고 빌었다면 이야기를 끝맺을 수 없었겠다는 생각이 드는 거야. 이미 '바닷물은

짜다.'는 자연 현상은 바꿀 수 없고, 이를 이야기 형식으로 짜맞추다 보니 소금이 나왔겠구나 싶더라고.

그러다 새로이 알게 된 것이, 옛날에는 소금이 지금처럼 흔하지 않았다는 사실이야. 소금을 화폐 대신 사용할 정도로 귀했다는 거지. 고대 로마에서는 소금이 하도 귀해서 군인이나 관리의 월급을 소금으로 주기도 했대. 영어에서 월급을 뜻하는 '샐러리(salary)'라는 말도 소금을 뜻하는 솔트(salt)에서 유래되었다고 해. 이런 사실을 알고부터는 그 옛이야기가 만들어졌을 무렵에는 소금이 정말로 귀했던 게 아닐까 하는 생각이 들었어. 아닌 게 아니라 예전에는 소금이 많이 나는 지역이 부유하고 유명한 곳인 경우도 많았거든.

잘츠부르크,
소금으로 부를 이뤘던 예술의 도시

오스트리아에 가면 잘츠부르크라는 도시가 있어. 뮤지컬 영화 「사운드 오브 뮤직」의 촬영지가 되었던 곳이니까 직접 가 보지 않더라도 영화에서 잘츠부르크의 아름다운 풍광을 엿볼 수 있을 거야. 그런데 잘츠부르크(Salzburg)라는 이름도 소금을 뜻하는 독일어 잘츠(Salz)에서 유래한 거란다. 그 근처에 있는 그림같이 아름다운 마을 잘츠캄머구트(Salzkammergut) 같은 곳도 마찬가지야. 예전에 이 마을들은 소금 광산으로 유명했다고 해. 거기서 소금을 캐내어 팔았기 때문에 경제 수준이 높았대. 오늘날 아랍 국가들이 석유를 팔아서 경제

잘츠부르크 광경.
소금이 많이 나는 지역으로, 이를 토대로 하여 일찍부터 부유한 도시가 되었다.

를 꾸려 가는 것처럼, 예전에는 소금을 캐다 파는 것이 경제의 원동력
이 되었던 거지. 모차르트의 도시로 알려져 있는 잘츠부르크가 음악
의 도시일 뿐만 아니라 소금의 도시이기도 했다는 점도 기억해 주렴.

소금은 어떻게 만들어지나

그런데 소금 광산이라니, 신기하지? 잘츠부르크나 잘츠캄머구트
같은 지역은 아주 먼 옛날에는 바다였는데 지각 변동으로 솟아올라

볼리비아 포토시 주에 위치한 우유니 사막의 소금 더미들. 이 소금 사막은
12,000km²에 걸쳐 펼쳐져 있어 장관을 이룬다.

서 거대한 산지가 된 거야. 그 과정에서 바닷물이 가둬지고 증발하면서 거대한 소금 광산이 생겨났지.

사실 소금을 만드는 가장 흔한 방법은 바닷물을 가두어 놓고 물을 증발시키는 거야. 바닷가의 경사가 없는 평평한 곳에 바닷물을 얕게 모아 두었다가 태양 볕에 물이 증발되면 바닥에 남는 소금을 거둬들이면 돼. 이런 방식을 천일제염이라고 하는데, 지중해와 홍해 근처, 멕시코, 미국의 캘리포니아 등이 유명한 생산지들이지. 우리나라의 서해안과 남해안에서도 이 방식으로 천일염을 만들고 있어.

비가 내리면 지표면에 있던 여러 물질이 빗물에 씻겨 바다로 흘러들어가잖아. 그중에서 특히 나트륨과 염소라는 물질이 바닷물에 녹아서 결합하면 염화나트륨이 돼. 이것이 짠맛을 내기 때문에 바다도 짠 거지. 우리가 아는 천일염은 이 염화나트륨에 여러 가지 미네랄이 더해진 것이고.

참, 그리고 남아메리카 볼리비아에 있는 우유니(Uyuni)라는 곳에는 소금이 우리나라 충청남도 땅보다도 더 넓게, 마치 사막처럼 펼쳐져 있단다. 동서남북 어느 방향을 보더라도 거대한 소금밭만 보여. 절로 탄성이 나는 장관이야. 이 우유니 소금 사막은 아까 말했던 잘츠부르크처럼 아주 먼 옛날에 땅이 솟아올라 바닷물을 가두면서 만들어졌대. 바다는 빙하기 동안 얼어 있다가 2만 년 전부터 녹기 시작해서 이 지역에 거대한 호수가 생겼고, 비가 적고 건조한 탓에 오랜 세월에 걸쳐 물은 거의 증발하고 소금 결정만 남았다는 거야. 이 소금층은 두께가 100미터가 넘는 곳도 있다니, 정말 엄청나지?

그리고 이곳 말고도 안데스 산맥이나 페루의 살리나스, 히말라야 산맥의 차마고도 같은 곳에도 진기한 소금 계곡이 있대. 이런 곳은 오목하게 팬 땅, 그러니까 분지에 물이 고여서 호수가 되면서 만들어져. 흙에 섞여 있던 나트륨 이온과 염소 이온이 빗물에 점점 녹아 나오고, 햇볕에 물이 차츰 증발되면서 소금의 농도가 짙어지면 소금 호수가 되는 거래. 이런 경우는 바닷물이 가둬져서 만들어진 게 아니라 골짜기에 빗물이 흘러드는 것만으로 생겨난 거라니, 참 신기하더라.

소금에 관계된 세계 역사를 들려주려고 했는데, 갑자기 세계 지리를 얘기하는 시간이 돼 버렸네. 지금부터는 정말 역사 이야기를 해 줄게. 잘츠부르크와 우유니 소금 사막을 지나서, 이제 인도로 가 보자.

물레와 위엄으로 지어 입은 옷

오른쪽의 사진 좀 보렴. 누군지 알겠니? 그래, 간디야. 영 제국의 식민 치하에서 신음하던 인도를 독립으로 이끌기 위해 평생을 바친 인도의 민족 지도자이지. 이 사진은 세계 최초의 여성 종군 사진 기자이자 『라이프』와 『포춘』 등의 사진작가이던 버크화이트(M. Bourke-White)가 간디를 직접 만나 찍은 거야. 그녀는 단 한 장의 사진에도 많은 의미를 담아냈단다. 이 사진만 해도 그래. 글을 읽는 간디의 옆에 커다란 물레가 놓여 있지? 이 물레는 우연히 앵글에 들어간 게 아니야. 간디의 생활에서 물레는 떼려야 뗄 수 없는 물건이었

물레 옆의 간디. 물레는 거대 기계 문명에 맞선 인간적 도구이자,
인도의 자립을 위한 방편이기도 했다.

어. 간디는 날마다 30분씩 직접 물레를 돌려서 실을 자은 다음 옷을
만들어 입었거든. 사진 속의 아랫도리만 가린 듯한 옷도 그가 손수
만든 작품이야. 민족 지도자로서 할 일도 많았을 텐데 왜 직접 옷까
지 만들어 입었을까? 그건 옷을 만들어 입는 일 자체가 식민지의 국
민으로서 영국에 대항하는 하나의 투쟁이었기 때문이야.

'산업 혁명'이라는 말을 들어 봤을 거야. 혁명이란 뭔가가 송두리
째 바뀌는 것을 의미하지. 예를 들어 농작물의 종자를 개량하고 병
충해를 박멸하는 기술을 마련해서 식량 작황이 크게 좋아진 것을 농
업 혁명이라 불러. 농업 기술과 경영 방법에서 그만큼 급격한 변화
가 일어났다는 뜻이지. 마찬가지로 산업 혁명이란 생산 기술이 크게

진화한 것을 말해. 주로 공업 분야에서 획기적인 변화가 일어났는데, 증기 기관차나 실을 만드는 방적 기계 등이 발명되면서 대량 생산을 할 수 있게 되었지. 그런데 산업 혁명이 제일 처음으로 활발하게 진행된 나라는 어디였을까? 그래, 영국이었어. 영국에서는 일찌감치 모직물 산업이 발달했는데, 영국이 인도를 식민지로 삼은 다음에는 면직물 산업도 굉장히 발전했어. 인도에서 생산된 목화를 헐값에 사다가 영국 공장에서 면제품을 만들었거든. 그러고는 그걸 전 세계에 내다 팔았어. 영국 안에서도 팔았지만, 영국은 그다지 큰 나라가 아니었기 때문에 그 판매량에 만족하기는 아쉬웠겠지. 그래서 식민국 인도에도 되팔았어. 면화를 사 갈 때는 말도 안 되게 싸게 사고, 면제품으로 만들어 팔 때는 엄청나게 비싼 값을 받아서 폭리를 취한 거지.

간디가 보기에 이건 정말 잘못됐거든. 인도 사람들이 독립을 이루기 위해서는 이렇게 입는 것에서부터 영국에 의존하는 구조를 벗어나야 했어. 게다가 이런 식으로 무역이 불균형해지자 인도인은 열심히 일해도 점점 가난해지고 영국인은 가만히 있어도 점점 부유해졌어. 그래서 간디는 인도인들에게 옷을 스스로 만들어 입자고 제안한 거야. 솔선수범의 뜻으로 물레를 돌린 거고. 물론 그는 의상학과 출신도 아니었고 디자이너도 아니었어. 옷이 예쁠 리 없었지. 그는 말했어.

"아름다움으로 옷을 입지 말고 위엄으로 입읍시다."

영국에서 수입된 화려한 옷으로 치장하는 것보다, 볼품은 없지만 손수 지은 옷으로 몸을 감싸는 것이 더 고귀한 인품을 드러내는 일 아니겠니? 식민 치하의 국민으로서 자기 민족의 역사와 운명을 염려하는 사람이라면 말이야. 그리고 소박한 면직물이 더 아름답게 보일 수도 있을 거야. 아름다움이란 사실 다분히 주관적인 것이니까.

간디의 소금 행진, 비폭력 운동의 결정체

소금 얘기 하려다가 갑자기 옷 얘기가 길어졌지? 하지만 전혀 무관한 얘기는 아니야. 옷과 소금 모두 영국에 항거하는 방편으로 쓰였다는 점에서 통하는 데가 있거든. 간디에 관련된 소금 이야기도 들려줄게. 영국은 식민지 인도에 '소금세'라는 세금을 매겼어. 인도 사람들은 영국이 생산한 소금만 먹을 수 있고, 소금을 사 먹을 때마다 영국에 세금을 내야 한다는 법을 만든 거야. 소금에까지 세금을 매긴다는 게 의아하게 들릴지 모르겠지만, 사실 이때가 처음은 아니야. 프랑스의 루이 15세도 7년 전쟁에서 지고 나서 왕실의 사치로 국고가 바닥나려 하자 국민들에게 소금세를 걷었어. 영국은 인도뿐 아니라 독립하기 전의 미국에도 소금세를 부과했었지. 그런 면에서 보면 소금이 프랑스 대혁명과 미국 독립 전쟁이 일어나는 데 큰 역할을 했다는 어느 작가의 주장도 일리가 있는 것 같아.[•]

인도 사람들은 생필품인 소금에 대해서조차 영국이 간섭하고 나서자 정말 화가 났지. 간디가 이 소금법에 대한 저항의 한 방법으로

• 마크 쿨란스키 『소금―인류사를 만든 하얀 황금의 역사』, 이창식 옮김, 세종서적 2003.

택한 것이, 소금이 있는 바닷가까지 행진을 하는 거였어. 소금법이 만들어지기 전부터 간디는 인도 사람들에게 말하곤 했어.

"악에 협조하지 않는 것은 선에 협조하는 것만큼이나 중요한 의무입니다."

이랬던 간디였으니, 소금법에 협조하지 않기 위해 행동에 나선 것은 당연한 일이었지.

세계사 공부를 하다 보면 영국이 제국주의 시기에 참 못된 짓을 많이 했구나, 하고 느끼게 돼. 영 제국은 수많은 아프리카 사람을 착취했지. 남아프리카 공화국에서 금과 다이아몬드가 발견되자 이를 놓고 이미 그곳에 이주해 있던 네덜란드 사람들과 싸우기도 했는데, 이것이 바로 '보어 전쟁'이야. 식민 지배를 한 인도에서도 경제적인 수탈은 물론 '벵골 분할령'이라는 계획을 발표해서 영국에 저항적인 벵골 지역을 동서로 나눔으로써 인도 민족의 통합을 방해하기도 했어. 그 결과 오늘날 동벵골은 인도에 포함되지 못한 채 방글라데시로 분리되었고, 아직도 경제적으로 큰 어려움을 겪고 있지.

아휴, 또 샛길로 빠졌네. 소금세에 대해서 얘기하고 있었지? 과자나 술처럼 안 먹어도 되는 먹을거리이거나 귀금속 따위의 사치품이면 모를까, 소금은 생명 유지를 위해서 누구나 섭취해야 하잖아. 하다못해 단식 투쟁 하는 사람들도 물과 소금은 먹으니까 말이야. 그런 데다 인도에서 나지 않는다면 몰라도, 바닷물을 막아서 햇볕에 말린 뒤에 긁어모으기만 하면 되는 것이잖아. 제 집 앞에 소금밭이 있는데도 영국 것만을 먹어야 한다니, 이런 억지가 어디 있겠어?

그래서 간디는 소금세를 폐지해야 한다고 주장했지. 사실 간디라고 화낼 줄을 몰랐겠니? 그렇지만 그는 폭력이나 무력을 쓰지 않고 평화로운 방법을 택했어. 비폭력 저항 운동의 철학인 '사티아그라하'가 간디가 택한 방법이었지. 이러한 비폭력은 훗날 미국의 흑인 해방 운동가 마틴 루터 킹 목사도 본받은 저항 정신이야. 간디는 사티아그라하의 한 방법으로 '소금 행진'을 택했단다. 1930년 3월 12일 사바르마티 아쉬람이라는 곳에서 시작해서 4월 6일 염전이 있던 구자라트 주의 단디 해변까지, 장장 370킬로미터를 26일간 계속 걸었지.

엄마가 여기서 부탁하고 싶은 것은, '아, 간디가 오래 걸었나 보네.' 하고 무심히 넘기지 말아 달라는 거야. 머릿속으로 따져 보고, 가늠해 봤으면 좋겠어. 370킬로미터면 어느 정도 거리인지, 26일 동안 쉬지 않고 계속해서 걷는다는 것이 얼마나 큰 고통이 따르는 일일지. 사진을 보면 알겠지만 그는 굉장히 말랐어. 왜 이토록 비쩍 말랐을까? 간디는 힌두교 신자여서 육식을 전혀 하지 않은 데다 민족 운동을 하느라 체포, 수감되기를 밥 먹듯 했어. 또 자신의 주장을 펼치기 위해 종종 단식 투쟁도 했거든. 그러니 몸에 살이 붙을 겨를이 없었겠지. 게다가 소금 행진을 하던 1930년에 그는 이미 예순을 넘긴 나이였어. 그런 할아버지가 26일 동안 내내 걸으셨던 거야. 서울과 부산을 직선으로 연결한 것보다도 더 먼 거리를 말이야. 게다가 인도는 볕이 정말 따갑거든. 그런데도 간디는 모자도 없이, 맨발이나 다름없는 허술한 신을 신고 걸었어. 행진을 시작한 때가 3월인데 더워 봤자 얼마나 더웠겠느냐고? 아니야, 인도의 날씨는 우리나라

1930년 3월 12일부터 4월 6일까지 26일간 이어진 간디의 소금 행진.
영국의 소금법에 대항하여 펼친 비폭력 저항 운동이었다.

와 다르게 4월부터 6월까지가 가장 더워. 아니, 차라리 뜨겁다고 해
야겠지. 기온이 40도가 넘으니까.

그러니 얼마나 고생이 심했겠어? 나중에는 간디의 고생을 보다 못
해 사람들이 그의 행로 앞에 나뭇잎을 깔아 드렸다는구나. 민족 지
도자는 그렇게 탄생하는 것인가 봐. 처음 행진을 시작할 때는 70여
명의 동지들과 함께 떠났지만, 도중에 사람들이 계속 몰려들더니 단
디에 도착할 즈음에는 인파가 어마어마했다고 해. 지열로 달아오른
땅을 타박타박 걸어서 끝내 해안가에 도착한 간디가 침묵 속에서 소
금을 집어 올려 맛을 보는 행위는 인도 사람들에게 커다란 울림을

전해 주었어.

이 행진 이후, 인도의 바닷가는 소금을 줍는 사람과 소금을 파는 사람들로 북적댔대. 영국인들은 이 사람들을 죄다 투옥했는데 그 수가 6만 명을 넘었다고 해. 하지만 인도인들은 굴하지 않고 계속해서 비폭력의 방식으로 영국에 대항했지.

어때, 소금 하나에 식민 지배를 받던 인도의 역사가 잘 녹아 있지? 사실 예나 지금이나 소금의 중요성은 말할 필요도 없지. 과거에는 냉장고도, 통조림도, 진공 포장도 없었잖아. 소금에 절이는 '염장법'은 건조, 훈제와 더불어 음식을 오랫동안 보존하는 중요한 방법이었어. 예를 들어 고등어처럼 상하기 쉬운 음식은 소금을 뿌려 두면 맛있는 간고등어가 되는 거지. 사실 김치도 채소를 소금으로 절여서 보관함으로써 겨울에도 비타민을 섭취할 수 있게 만든 거잖아.

서양사에서 '대항해 시대'라고 일컫는 시기에도 소금은 엄청나게 중요한 역할을 했단다. 오랜 항해를 위해서는 염장한 고기와 생선이 필수적이었어. 소금이 없었다면 긴 여행을 할 수 없었을 테고, 그러면 새로운 곳을 탐험하기도 어려웠겠지. 소금에 절인 고기를 씹으면서 망망대해에서 하루하루를 버텼을 대항해 시대의 선원들을 생각해 보렴. 아, 말 나온 김에 이 선원들과 관계된 다른 음식은 없었는지 더 알아볼까?

후추

대항해 시대를 연
원동력

콜럼버스, 마젤란 등의 탐험가가 활약하던 '대항해 시대'에 대해 알아보기로 했지? 그 얘기를 하려면 후추를 빼놓고는 말하기가 힘들지. 후추를 많이 넣은 음식을 먹어 본 적 있어? 너무 매워서 재채기가 날 정도잖아. 그렇지만 후추를 조금씩, 적당히 넣으면 요리가 얼마나 맛있어지는지 몰라. 게다가 후추 자체의 강렬한 자극도 쉽게 잊어버릴 수 있는 것은 아니야. 처음 맛본 몇백 년 전 유럽 사람들의 입맛도 단숨에 사로잡았으니까. 수많은 탐험가들 역시 후추를 찾아 떠나기도 했고. 그러니 후추야말로 세계사를 움직인 주인공 중 하나라고 할 수 있지 않겠어? 뒤의 이야기에서 좀 더 자세히 알아보기로 하자.

콜럼버스는 아메리카 대륙을 유럽에 알렸을 뿐

탐험가 크리스토퍼 콜럼버스(Christopher Columbus), 다들 들어 봤지? 1492년에 아메리카 대륙을 처음으로 발견했다고 알려진 사람이잖아. 그런데 이건 정확히 얘기하면 틀린 말이야. 요즘에는 그렇게 낯설 것도 없는 얘기가 됐지만, 콜럼버스가 아메리카 대륙에 도착했을 때 이미 그곳에 사람이 살고 있었으니까 콜럼버스가 그 대륙을 '발견했다'는 건 잘못된 표현이지. 게다가 콜럼버스는 자기가 도착한 곳이 인도라고 굳게 믿었기 때문에 그 원주민들도 '인디언'이라고 불렀어. 그게 굳어져서 지금도 아메리카의 토착민들을 '아메리카 인디언'이라 부르는 것이고. 생각해 봐. 그 원주민들의 선조야말로 콜럼버스보다 먼저 아메리카를 '발견'한 사람인 거잖아? 또 그 원주민들 말고도 콜럼버스보다 약 500년쯤 전에 바이킹 족이 아메리카 대륙에 가 닿았었고, 또 중국의 정화(鄭和) 함대도 콜럼버스보다 앞서 도착했을 것이라는 학설도 있어. 그러니까 콜럼버스는 '아메리카 대륙을 유럽에 최초로 알린 사람' 정도가 맞겠지.

그런데 콜럼버스는 어쩌다 그 먼 데까지 탐험을 하게 됐을까? 아메리카 대륙에 도착하려면 몇 달씩이나 항해를 해야 했어. 오늘날에는 비행기로 몇 시간이면 갈 수 있지만, 당시에는 실제로 도착하기 전까지는 시일이 얼마나 걸릴지 가늠할 수조차 없었대. 그 무렵에는 지리 정보가 턱없이 부족했으니까. 지금은 너무나 상식적인 것인데도 그때는 학자들과 탐험가들 사이에 의견이 서로 달랐다는 거야.

당시 사람들은 지구가 둥글다는 사실까지는 알고 있었어. 대서양을 가로질러 서쪽으로 계속 가다 보면 인도에 다다를 거라는 점에서는 의견이 일치했지. 문제는 거리였어. 어떤 사람들은 인도가 너무나 멀어서 도착하기 힘들 거라고 말했지만 콜럼버스는 대서양을 매우 좁게 생각했어. 다른 사람들은 인도까지의 거리가 콜럼버스가 생각한 것의 네 배는 될 거라고 했고. 사실 그들 말이 맞았어. 기원전 알렉산드리아 도서관의 관장이면서 수학자이던 에라스토테네스라는 사람이 지구의 둘레를 계산했는데, 오늘날 측정한 수치와 크게 다르지 않다고 해. 그러니 콜럼버스가 에라토스테네스의 기록을 봤더라면 생각보다 지구가 훨씬 더 크다는 걸 알았을지도 모르지. 하여간 그는 지구를 아주 작게 생각하고 있었던 거야. 게다가 당시에 그 누구도 몰랐던 것은, 스페인과 인도 사이에 '신세계'가 있다는 거였어. 그러니 유럽 대륙에서 배를 타고 서쪽으로 계속 가다 보면 닿는 대륙이 인도라고 믿었지. 콜럼버스가 바다를 실제보다 훨씬 좁게 생각한 덕분에 용감하게 탐험을 시작할 수 있었는지도 몰라.

신대륙 도착 장면. 콜럼버스는 한쪽 무릎을 꿇고 오른손에는 칼을,
왼손에는 스페인 국기를 들고 있다. 십자가를 치켜든 성직자의 모습도 보인다.

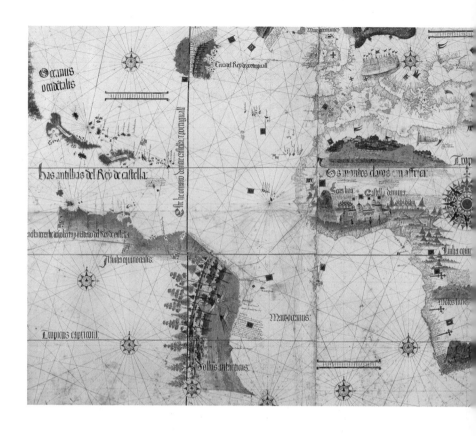

당시의 항해는 정말로 힘겨웠어. 먹을 것만 생각해 봐도 그 어려움을 짐작할 수 있을 거야. 앞서 소금 이야기를 하면서도 언급했지만, 당시에는 오늘날과 달리 냉장고도 없었고 통조림 가공 기술도 없었어. 거친 바다 일을 하는 건장한 장정 수십 명이 먹어야 하니까 꽤나 많은 분량의 먹을거리가 필요했지. 염장, 건조, 훈제 같은 보존법이 없었다면 오랜 항해는 불가능했을 거야. 그렇게 준비한 식량마저도 풍족하지 않아서 곤란을 겪은 적이 한두 번이 아니었지만 말이야.

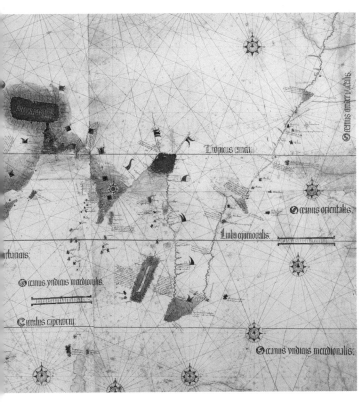

칸티노의 세계 지도. 대항해 시대의 성과로, 측량에 기초한 지도이다. 가운데에는 유럽과 아프리카, 왼쪽에는 중앙아메리카의 섬들과 남아메리카의 일부가 나타나 있다.

항해의 적 괴혈병

음식 말고 또 다른 어려움은 질병이었어. 1810년 영국 해군의 사망자 수에 관한 기록을 보면, 질병으로 인한 사망이 2,592명으로 제일 많았고(50%), 사고사가 1,630명(31.5%), 침몰·난파·화재·폭발로 인한 경우가 530명(10.2%), 작전 중 전사한 경우가 281명(5.4%), 작전 중

입은 부상으로 사망한 경우가 150명(2.9%)이었어. 뱃사람들의 사망 원인 중 절반이 병이었던 거야. 콜럼버스가 아메리카 대륙으로 첫 항해를 떠난 해는 1492년이었으니, 그때의 상황은 훨씬 더 나빴겠지. 무엇보다 제일 큰 위협은 괴혈병이었어. 잇몸이 약해져서 붓고 이가 빠지고 빈혈을 일으켜 심하면 심장 쇠약으로 죽음에 이르는 병이야.

괴혈병의 증세는 이렇게 무섭지만, 오늘날에는 괴혈병을 그다지 대수롭지 않게 여겨. 비타민 C만 충분히 섭취하면 예방이 되고 치료도 된다는 걸 알기 때문이지. 하지만 당시에는 괴혈병의 원인을 몰랐기 때문에 희생이 컸어. 그러다 1747년에 영국 해군 군의관이던 제임스 린드(James Lind)가 라임에 들어 있는 성분이 괴혈병에 좋다는 사실을 알아냈지. 그의 견해는 한동안 무시되다가 1798년에 가서야 배 위에서 라임을 먹는 것이 의무화돼. 그 이후 선원들의 괴혈병은 거의 사라지게 됐대. 하지만 콜럼버스 시대에는 괴혈병의 원인이 비타민 부족인 줄 몰랐기 때문에 숱한 선원들이 속수무책으로 고통당하다가 죽곤 했어.

마젤란이 죽은 후, 항해를 계속하여 세계 일주에 성공한 엘카노(J.S. Elcano) 역시 또 다른 항해를 하다가 괴혈병으로 죽음을 맞았어. 신선한 과일과 야채만 있으면 쉽게 예방할 수 있지만, 항해를 하면서 물러지고 상하기 쉬운 과일이나 야채를 섭취하기는 어렵잖아. 기껏해야 말린 과일이나 콩 같은 것을 조금씩 먹는 정도일 뿐, 별달리 방법이 없었던 거야.

배를 타고 나가면 물도 부족했어. 너희들 설마 "바닷물이 있잖아요."라고 말하려는 건 아니겠지? 바다에 나가면 사방에 널린 게 물이긴 하지만, 마실 수가 없잖아. 바닷물을 마시게 되면 염분 때문에 혈액의 농도가 진해져서 그것을 희석하기 위해 체내의 수분이 빠져나오거든. 갈증을 해소하려고 마신 물이 오히려 몸속의 물을 빼앗아서 더 갈증을 느끼게 되지. 이런 악순환이 계속되면 죽을 수도 있어.

그러니 오랜 항해를 위해서는 일단 신선한 물을 많이 실어야 해. 그런데 생각해 봐, 요즘 같으면 페트병에 담긴 생수를 가득 실으면 되겠지만 그때는 플라스틱도 발명되기 전이니까, 어디에 물을 담았을까? 그래, 그때는 물을 나무통에 담아 보관했어. 오랜 항해 중에, 그것도 적도 부근처럼 더운 곳을 항해하다 보면 나무통이 썩어 버려서 물을 마실 수 없는 경우가 많았다고 해.

먹을거리로는 뭘 실었느냐고? 빵은 며칠만 지나도 변질되니까 그 대신 비스킷처럼 마른 음식이나 밀가루를 실었지. 하지만 오랜 항해를 하다 보면 여기에도 어김없이 벌레들이 꼬였대. 더운 여름이면 원래 벌레가 생기기 쉬운데, 밀폐 용기도 하나 없지, 사방이 온통 바닷물이라 말할 수 없이 습하지, 얼마나 벌레가 많았겠어?

그럼 고기는 어땠을까? 마찬가지로 보관하기가 쉽지 않았어. 냉장도 냉동도 할 수 없으니까 소시지나 베이컨을 만들든가, 아니면 소금에 절여 놓았대. 그런데 그렇게 저장한 고기는 너무 짜서, 짠맛을 빼려고 한참 동안이나 물에 담가 놓아야 했거든. 그러니 고기 맛이 제대로 날 리 없었겠지.

마젤란 탐험대의 서기였던 안토니오 피가페타(Antonio Pigafetta)라는 사람이 쓴 일지에는 이런 기록마저 있어. "식량이 부족해서 오줌 냄새 풍기는 비스킷에 노랗게 썩은 물을 마셨고, 나중엔 그나마도 다 떨어져서 돛대에 씌워 놓은 소가죽을 벗겨 바닷물에 불려 먹기도 하고, 톱밥과 쥐까지도 먹어 치웠다."* 어때, 당시의 탐험가와 항해사들은 정말 대단한 사람들이지?

콜럼버스의 신대륙 '발견', 그 빛과 그림자

엄마는 콜럼버스나 마젤란, 코르테스, 피사로 같은 탐험가들을 생각할 때면 마음이 복잡해지곤 해. 이들의 탐험은 무모할 정도로 용감했기 때문에 가능했지만, 그 과정에서 남미와 아시아의 원주민을 약탈하고 핍박했기 때문에 오늘날 이들 탐험가의 이름에는 영광과 오욕이 함께 들어 있거든.

'콜럼버스의 날'이 바로 이런 역사를 잘 보여 주는 사례야. 미국에서는 아메리카 대륙에 닻을 내린 때를 기념해서 10월 둘째 주 월요일을 콜럼버스의 날로 정했어. 그런데 콜럼버스는 스페인 깃발을 달고 항해를 떠났기 때문에 스페인에서도 콜럼버스의 날을 기념하고, 그가 제노바에서 태어난 이탈리아인이라는 이유로 이탈리아에서도 이날을 기념해. 게다가 중앙아메리카와 남아메리카의 많은 나라도 10월 12일을 콜럼버스의 날로 정했는데, 그건 남아메리카와 중앙아

• 안토니오 피가페타 『최초의 세계 일주』, 박종욱 옮김, 바움 2004, 115~16면.

메리카가 이 탐험 과정에서 '발견되었'기 때문이야. 이 지역들에는 아직도 유럽 출신 정복자들의 후예가 많이 살고 있기도 해.

하지만 요즘에는 콜럼버스가 신대륙에 발을 들이고는 그곳에 살고 있던 사람들을 무자비하게 살육한 사실을 상기하면서, 콜럼버스의 날을 폐지해야 한다는 움직임도 일고 있지.

과테말라에는 리고베르타 멘추(Rigoberta Menchú Tum)라는 유명한 인권 운동가가 있어. 과테말라 내전에서 가족을 잃고 지금껏 인디오에 대한 차별에 맞서 싸우고 있는 여성이야. 『나의 이름은 멘추』라는 고백록*을 남기기도 했는데, 그 책에서 과테말라 원주민의 삶을 있는 그대로 낱낱이 기록해서 억압받는 인디오들의 현실을 세계에 널리 알렸지. 그 공로를 인정받아 리고베르타 멘추는 1992년 노벨 평화상을 받기도 했어. 그해는 콜럼버스가 신대륙에 도착한 지 500년이 되던 해였거든. 500년이 지나서야 이런 목소리가 조명되다니, 생각해 보면 조금 늦은 감도 있지만 유럽 중심의 사고에서 벗어난 일이었음은 분명해.

콜럼버스의 '신대륙 발견' 이후 원주민의 삶과 문명은 정말 급속도로 파괴되었어. 아메리카 원주민들은 유럽인들에 맞서 싸우다 숱하게 죽어 갔고, 유럽에 있던 천연두 같은 전염병이 전해지는 바람에 면역이 되어 있지 않은 아메리카 원주민들이 무수히 목숨을 잃었어.

아스테카 문명, 잉카 문명도 파괴됐어. 그리고 무엇보다 분명한

• 엘리자베스 부르고스 『나의 이름은 멘추』, 유정태 옮김, 지산미디어 1993. 1998년에는 이 책의 내용 중 멘추 개인사의 일부가 왜곡되었다는 기사가 나오기도 했다.

리고베르타 멘추. 1992년 노벨 평화상을 받은 과테말라의 인권 운동가로서
중남미의 참혹한 현실을 담은 책 『나의 이름은 멘추』로 세계의 관심을 받았다.

깃은 콜럼버스 이후 점차 유입된 스페인 군대가 중남미에 있는 거의
대부분의 나라들을 점령했고 이후 스페인이 그 나라들을 오랫동안
식민 지배했다는 사실이야. 1494년 토르데시야스 조약에 의해 브라
질만 포르투갈령이 되고 중남미의 나머지 나라들은 스페인령이 되
었거든. 콜럼버스를 비롯한 대항해 시대의 탐험가들을 '영웅'이라고
부르는 데 거부감을 느끼는 사람들이 있는 이유를 이제 이해할 수
있겠지?

후추를 찾아서!

콜럼버스는 왜 항해에 나섰을까? 아메리카를 찾기 위해 항해를 했던 게 아니라는 얘기는 아까 했지? 인도를 찾아서 떠났던 거라고. 콜럼버스가 인도를 찾으려고 했던 이유는, 값비싼 황금과 향신료를 손에 넣기 위해서였어. 황금이야 오늘날에도 워낙 비싼 것이니 그렇다 치더라도, 왜 한낱 향신료를 위해 그 많은 위험을 무릅썼을까?

그 점을 이해하려면 그 당시 유럽에 자극적인 맛이 나는 먹을거리가 거의 없었다는 사실을 기억해야 해. 그때는 커피도, 담배도, 홍차도, 초콜릿도 없었어. 고추도 없었고, 설탕도 없었지. 그러니 음식 맛은 늘 밋밋했을 거야. 솔직히 엄마는 그것들 없이 어떻게 식탁을 차릴 수 있었는지 궁금할 지경이야. 그러니 저 멀리 인도에서 수입한 향신료의 맛이란, 얼마나 짜릿했겠니. 돈 많은 귀족들의 마음을 빼앗고도 남았겠지. 그렇게 향신료의 인기는 날로 치솟았고, 베네치아와 제노바의 상인들은 향신료 무역으로 큰 이익을 남겼단다.

그 가운데는 정향이라는 향신료도 있었어. 정향나무의 꽃봉오리 부분을 말린 것인데, 요리에 넣으면 달콤한 맛이 나. 이 정향은 당시 유럽에서 무려 같은 무게의 금보다도 비쌀 정도였대. 엄청난 사치품이었던 거지. 콜럼버스 이후, 마젤란 함대가 항해를 떠난 주된 목적 중 하나가 정향을 구하기 위한 것이었다는 말도 있어.* 이런 향신료들 중에서도 후추는 대표적인 인기 상품이었어. 마르코 폴로 시대부

---

* 안토니오 피가페타 『최초의 세계일주』 228면.

터 인도 서쪽 해안 지방 사람들이 후추를 재배해 왔던 터라 유럽 사람들도 그 맛을 볼 수는 있었지만 값은 정말 비쌌거든.

그래서 콜럼버스 시절부터 포르투갈은 이 향신료를 얻기 위해 많은 노력을 기울여. 엔리케 왕자의 전폭적인 후원을 받아서 먼저 아프리카 쪽 뱃길을 개척했지. 이웃이자 라이벌인 스페인도 그 뒤를 따랐어. 당시 지중해에는 오스만 제국이 자리 잡고 있어서 운신이 어려웠기 때문에 지중해를 거치지 않고 곧바로 아시아로 갈 수 있는 길을 찾아 나섰던 거야. 포르투갈 사람들이 개척한 해상 무역을 뒤이어 네덜란드가 확보하게 된 1522년까지도 후추 가격은 비싸게 유지되었어.* 인도에 가서 후추를 잔뜩 싣고 오기만 하면 누구든 벼락부자가 될 수 있었지. 콜럼버스도 다른 많은 탐험가들처럼 황금과 향신료를 탐냈던 거야.

시실 잉카 제국을 정복한 피사로나 아스테카 왕국을 정복한 코르테스 역시 목적은 황금과 후추를 비롯한 향신료를 얻는 데 있었어. 초기의 탐험가들은 자신들의 야심을 위해 무자비하게 행동했기에 정복자라는 뜻의 '콘키스타도르(conquistador)'라 불리곤 했지.

그런데 탐험가들이 후추를 얻겠다고 욕심을 부린다 해서 다들 바다로 나아갈 수 있었던 건 아니야. 그 시절이 '대항해 시대'라고 불렸던 데는 다른 여건이나 요인도 작용했을 거야. 어떤 게 있었을까?

일단 항해를 하려면 세계 지리와 천문에 관한 지식이 있어야 해. 오랜 기간 풍랑을 헤치며 여행할 수 있도록 튼튼한 배를 만드는 조

• 마귈론 투생사마 『먹거리의 역사』 상, 이덕환 옮김, 까치 2002, 170면.

선술도 있어야 하고. 그간의 항해 경험과 지식을 녹여 낸 지도도 필수적이지. 그 밖에 없어서는 안 될 또 하나의 조건은 국가 차원의 재정 지원과 제도적 뒷받침이야. 수년에 걸친 항해에 드는 비용이 워낙 막대하기 때문에, 국가적 도움 없이는 불가능했어.

그렇다면 국가에서는 왜 탐험가들을 지원해 주었을까? 그편이 남는 장사였기 때문이야. 탐험가들은 지원을 받을 때 항상 조건을 내걸고 계약을 했거든. "만약 제가 왕의 지원으로 탐험을 떠나 황금과 향신료를 많이 싣고 돌아오면 그중 80퍼센트를 드리겠습니다. 왕께서는 제게 나머지 20퍼센트의 황금과 향신료를 주시고, 저를 그곳의 총독 자리에 임명해 주십시오." 하는 식으로 말이야.

콜럼버스는 지원을 받기 위해 이 나라 저 나라의 왕실을 찾아다니며 자기 계획을 알리고 도움을 구했어. 몇 년이 지나 마침내 스페인의 이사벨 여왕에게서 필요한 돈과 배들을 지원받아 항해를 시작했던 거지. 콜럼버스가 신대륙 발견에 성공한 후 금의환향한 장면을 그린 그림(60면 참조)에서도 이사벨 여왕을 알현하는 모습이 보인단다. 그만큼 그녀는 영향력이 막강한 사람이었지.

그럼 이사벨 여왕은 왜 돈을 대 주었느냐? 앞서 말한 이유와 비슷해. 콜럼버스는 자신의 예측이 맞아 인도를 찾게 되면 그 땅에서 나는 재물의 많은 부분을 스페인에 바치겠다고 했거든. 안 그래도 당시 스페인은 바로 옆에 있는 포르투갈이 항해 왕자 엔리케를 앞세워 바다에서 재미를 보는 것에 무척 배가 아팠어. 하지만 그라나다 지역에 있던 이슬람 세력을 내쫓느라 경황이 없어서 항해에 나설 수가

신대륙에서 돌아와 이사벨 여왕과 그녀의 남편 페르난도 2세 앞에 선 콜럼버스.

없었지. 그 일이 마무리되어 한시름 돌리고 나서는 더 이상 잠자코 있을 이유가 없었던 거야. 그리하여 콜럼버스는 1492년 8월 3일, 스페인의 팔로스를 떠나 항해를 시작한 거란다.

　그는 산타마리아, 니나, 핀타라는 이름이 붙은 세 척의 배를 이끌고 카나리아 제도까지 남으로 항해했어. 그는 거기서 한 달여를 머무르다가 서쪽으로 갔지. 그 이후로는 내내 끝없는 바다만 보였어. 겁에 질린 선원들이 콜럼버스에게 되돌아갈 것을 요구했지만 그는 계속 항해하라는 명령만 되풀이해서 내렸어. 결국 1492년 10월 12일, 그들은 섬을 보게 되었지. 감격한 콜럼버스는 앞서 말한 것처럼 자기가 인도에 도착했다고 생각했고 그곳 사람들을 인디언이라고 불렀어. 하지만 그곳은 인도도 일본도 중국도 아니었고 여태껏 유럽인들에게 알려지지 않은 '신세계'의 일부였던 거지.

그때는 '아메리카'라는 말도 붙기 전이었음을 기억해 두렴. 아메리카는 아메리고 베스푸치(Amerigo Vespucci)라는 탐험가의 이름을 따서 더 나중에 지어진 것이니까. 신대륙을 처음 발견한 사람은 콜럼버스지만, 책을 편찬해서 신대륙을 더 널리 알린 사람은 베스푸치였다는구나. 또 콜럼버스는 죽을 때까지도 자신이 발견한 대륙이 인도나 일본 중국 같은 아시아라고 생각했던 것과 달리, 베스푸치는 그 땅이 그때까지 유럽에 알려지지 않았던 '신대륙'임을 알았대. 콜럼버스가 좀 억울했겠다고? 하지만 콜럼버스의 이름을 딴 곳도 있어. 남미에 '콜롬비아'라는 나라가 있잖아. 미국, 스페인, 이탈리아에도 그의 이름을 딴 지명이 많아.

콜럼버스는 육지에 닿자마자 기대에 차서 황금과 향료를 찾으려고 했어. 그렇지만 그가 발견한 것은 감자, 옥수수, 토마토 같은 새로운 작물이었지. 담배, 코코아 같은 식물도 찾아냈고. 이것들이 모두 아메리카에서 유럽으로 전해지게 돼. 오늘날 유럽식 식탁에서 감자, 옥수수, 토마토는 정말 많이 쓰이는데, 이 많은 먹을거리가 전에는 유럽 대륙에서 보지도 못하던 것이라니 참 신기하지?

돼지고기

대장정에서
문화 대혁명까지

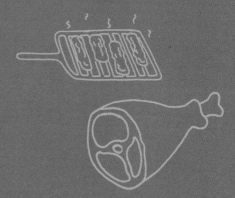

자, 오늘 저녁에는 삼겹살 파티를 해 볼까? 노릇 노릇하게 구운 삼겹살 한 점을 집어서, 불판에 올려 둔 묵은 김치랑 같이 상추에 싸서 입에 넣으면…… 아, 정말 별미지. 우리 천천히 많이 먹자! 입 안 가 득 쌈을 넣고 우물우물 씹으면서 엄마는 지금 돼지 고기에 얽힌 얘기들, 사람들을 떠올려 보고 있어. 누가 있을까? 무슨 얘깃거리가 있을까? 아, 그래! 이 사람 얘기부터 해야겠구나.

창의적인 요리 개발자 소동파

이 사람의 이름은 소식(蘇軾)이고, 호가 동파거사(東坡居士)여서 사람들이 소동파라고 불렀대. 소동파는 지금으로부터 천 년 전에 살았던 송나라 최고의 시인이야. 「적벽부」라는 시가를 지은 것으로 유명해. 게다가 백성을 잘 다스리던 위정자였고, 창의적인 요리를 개발한 사람이기도 했어. 워낙 돼지고기를 좋아해서 돼지고기를 칭송하는 글을 남기기도 했대. "황주의 돼지고기는 질은 좋고 가격은 싼데, 부자는 거들떠보지 않고 가난한 사람들은 요리할 줄을 모르네. 물을 적게 넣고 약한 불로 삶으면 다 익은 후 제맛이 난다네." 바로 「식저육(食猪肉)」이라는 시야.*

그가 개발한 돼지고기 요리가 바로 '동파육'이라고 불리는 음식이야. 소동파가 항주 지방을 다스릴 무렵, 백성들이 고맙다며 돼지고기를 선물로 바쳤나 봐. 그는 선물받은 돼지고기에 물을 자작하게

* 예종석 「동파육」, 『한겨레』 2010년 10월 12일자 칼럼.

넣고 양념장을 끼얹은 다음, 약한 불로 오래 오래 삶아서 돼지고기 삼겹살 찜을 만들었대. 그렇게 만든 음식을 백성들하고 나누어 먹었는데, 그를 기리기 위해 사람들이 이 음식에 그의 이름을 붙였다는 거야.

중국에서는 우리만큼이나, 아니 우리보다도 더 돼지고기를 즐겨 먹는단다. 얼마 전에는 중국의 돼지고기 값이 너무 올라서 비상이 걸렸다는 기사가 자주 보이더구나. 사료값이 올라서 돼지를 키우는 비용이 늘어난 데다, 이상 기온으로 돼지의 출산율도 떨어졌기 때문이래.

소동파. 「적벽부」를 쓴 시인이자 정치가이며, 요리에도 일가견이 있었다고 전한다.

중국 돼지는 세계 인플레의 주범?

우리가 중국 식당에서 먹는 짜장면이나 탕수육에도 돼지고기가 빠지지 않지? 중국에서는 전통적으로 돼지고기를 지지거나 볶아서 즐겨 먹었기 때문에 '특별 관리 품목'에 들어 있대. 중국에서 하루에 소비하는 돼지고기의 양은 약 14만 톤으로, 다 자란 돼지 약 70만 마리에 달하는 어마어마한 규모라고 해. 이렇게 수요가 많다 보니 돼지고기를 공급하는 양돈 농가가 중국 농촌에 널리 퍼져 있는 것도 당연한 일이지. 중국에서 키우는 돼지는 2011년 기준으로 약 4억

5000만 마리나 된대. 전 세계 돼지의 절반이 넘는 수야. 하여간 중국은 땅덩이든 인구든, 규모 면에서는 따라올 곳이 없는 나라임에 틀림없어. 2011년의 세계 인구 현황 보고서를 보면 전 세계 인구가 69억 7400만 명으로 집계되었거든. 여기서 중국 인구는 13억 4760만 명으로, 1위를 차지했어.[*] 전 세계 사람 중 20퍼센트에 가까운 숫자가 중국인인 거야. 전문가들은 2025년쯤에는 인도의 인구가 중국을 앞지를 거라고 하지만, 어쨌든 지금 중국에서 일어나는 일은 세계 단위에도 큰 파장을 일으킬 만하지. 그러니까 중국에서 돼지고기 값이 계속 오르면 중국 물가가 오르고, 그건 결국 세계 경제에까지 영향을 끼치게 돼. 4억 5000만 마리나 되는 돼지를 키우려면 도대체 얼마나 많은 곡물이 필요할지 짐작할 수 있겠니? 돼지의 몸무게를 1킬로그램 불리기 위해서는 3킬로그램의 곡물이 사료로 제공되어야 한대. 중국에서도 점점 기업형 대형 축산 농가가 늘면서 사료 수요가 매년 20퍼센트 넘게 증가하고, 사료값이 오르면 돼지고기 가격도 덩달아 뛰는 거란다.

2011년 중국의 옥수수 수입량은 157만 톤인데, 전년보다 무려 18배나 늘어난 거래. 수요가 많으면 가격이 오르게 되어 있으니까, 지난 1년 동안 시카고 상품 거래소의 옥수수 값이 두 배 가까이 오른 것도 중국 때문이었다는 거야.[**] 게다가 대두나 밀, 보리 같은 다른 국

- 우경임 「평균 수명 男 77.3세-女 84세, 작년보다 1년 늘어」, 『동아일보』 2011년 10월 26일자 기사.
- 한우덕 「중국 돼지와 식량 안보」, 『중앙일보』 2011년 6월 13일자 기사.

제 곡물의 시장 가격도 중국의 수입 비율이 엄청나게 늘면서 덩달아 오르고 있어. 앞으로도 중국의 곡물 수입량은 더 늘어날 전망이라니 걱정이구나.

중국의 곡물 수입이 늘든 말든 엄마가 왜 걱정이냐고? 그렇게 남의 일로 여길 문제가 아니란다. 중국의 곡물 수입량이 늘면 우리나라 경제에 미치는 파장도 엄청나. 우리나라는 곡물 자급률이 27퍼센트에 불과하고 밀·옥수수·대두 등 많은 작물을 수입에 의존하고 있으니까. 중국의 양돈 농장에서 사료용 곡물을 갑자기 많이 수입하면 우리나라의 식량 확보에 부담으로 작용하게 되거든.

돼지고기 값이 오른 데는 석유값 상승도 한몫했어. 석유값이 올라가자 대체재로 활용할 '바이오 연료'를 생산하는 데 박차를 가했거든. 그러면서 바이오 연료의 재료인 옥수수를 필요로 하게 됐지. 옥수수에 대해서는 나중에 자세히 얘기할 텐데, 어쨌든 옥수수 수요가 늘어나니 옥수수 값이 오르고, 옥수수 값이 오르니 옥수수를 사료로 쓰는 돼지고기 값도 오를 수밖에.

게다가 중국에서는 대형 기업 영농이 늘면서 옥수수나 대두로 만든 사료를 먹이는 돼지의 비율이 급등했거든. 값이 좀 비싸지더라도 돼지를 굶길 수는 없으니까, 중국은 옥수수와 대두 수입량을 크게 늘렸어. 그런데 전 세계에서 생산되는 옥수수의 양은 한정되어 있기 때문에 중국이 많이 사 가면 우리나라는 수입에 어려움을 겪는 거야. 전보다 더 비싼 값을 주고도 옥수수 구하기가 쉽지 않게 돼. 특히 수입한 옥수수를 주식으로 먹는 빈곤 국가의 경우는 식량난이 악화되는 딱한 일이 벌어지기도 한단다.

엄마가 어렸을 때 시골 외할머니 댁에 놀러 가서 보면 집집마다 돼지를 몇 마리씩 키웠어. 집 뒤쪽에 작은 우리를 쳐 놓고 먹다 남은 음식 찌꺼기를 먹였지. 돼지 먹성이 어찌나 좋은지, 시골에서는 음식물 찌꺼기가 쌓일 일이 없었어. 뭐든 돼지 여물통에 던져 두면 되거든. 어느 여름 방학에 가서 돼지들 먹는 걸 보니까 참외 껍질, 수박 껍질도 잘 먹고, 옥수수 껍질이며 속대까지 잘 먹어 치우더구나.

하지만 그건 너덧 마리일 때의 얘기고, 수십 수백 마리씩 돼지를 기르는 농장에서는 사료를 쓸 수밖에. 그러니 대량 생산 방식의 축산업에서 사료와 사료 가격은 민감한 문제가 되는 거야.

마오쩌둥, 그리고 대장정

돼지고기와 중국에 관한 얘기를 할 때 빼놓을 수 없는 인물이 있어. 바로 1949년 중국 대륙을 통일한 마오쩌둥(毛澤東)이야. 지금도 톈안먼 광장에 그의 초상화가 걸려 있고 여전히 많은 중국인들에게 존경받는 지도자이기도 하지.

그 사람이 제일 좋아했던 음식이 돼지고기인데, 껍질이 붙어 있는 삼겹살에 간장을 넣고 볶다가 찌는 요리인 홍샤오러우를 좋아했다고 해. 그런데 그 홍샤오러우가 바로 동파육이라는 설도 있고, 소동파가 홍샤오러우를 살짝 자기식으로 만든 것이 동파육이라는 설도

• 이욱연 『중국이 내게 말을 걸다』 창비 2008, 356면.

톈안먼 광장에 걸려 있는 마오쩌둥의 초상.
건국 영웅으로서의 위상을 짐작하게 한다.

있어. 홍샤오러우는 홍소육(紅燒肉), 즉 간장과 설탕 등을 넣어 돼지
고기에 검붉은 빛이 나도록 조린 고기라는 뜻으로 조리 방법에 주안
을 둔 이름이고, 동파육은 '소동파가 개발한 고기 요리'라는 뜻이지.
마오쩌둥은 중요한 일정이 잡힌 전날에는 항상 돼지고기 요리를 양
껏 먹어서 기력을 보충해 두었다고 해. 그 덕에 중국 대륙을 통일할
수 있었다는 말까지 있단다.

  생각해 보면 마오쩌둥과 이미지가 어울리는 것 같아. 무슨 말이냐
고? 돼지 껍질 요리는 서민적인 음식이잖아. 값이 싸면서도 영양은
풍부하기 때문에 서민들이 즐겨 찾는 영양식이지. 마오쩌둥이 대장

정이라는 험난한 과정을 겪어 내면서 중국 농민의 마음을 사로잡을 수 있었던 데는 그가 가난한 자의 편이라는 이미지가 큰 도움이 되었어. 라이벌이라 할 수 있는 장제스(蔣介石)가 미국에서 유학하고 돌아온 세련된 아내 쑹메이링과 더불어 서민적 삶과는 동떨어진 모습을 보인 것과 달리 말이야.

마오쩌둥은 장제스와 중국 대륙을 통일하기 위해 다퉜어. 둘은 당과 성향, 사상이 모두 달랐지. 마오쩌둥은 중국을 공산주의 국가로 만들려 했고, 장제스는 자본주의 국가로 만들려 했기에 둘은 함께할 수 없었어. 초기에는 장제스의 국민당이 마오쩌둥의 공산당에 비해 세력이 월등하게 컸어. 장제스의 추격과 포위를 피하기 위해 마오쩌둥은 공산당원들과 함께 대장정에 나섰던 거야.

대장정이 뭐냐고? 그건 사실 긴 얘기야. 대장정 하나만을 다룬 두툼한 책이 있을 정도로 말이야. 오늘날 대장정은 중화 인민 공화국의 역사에서 가장 중요한 사건으로 여겨지고 있지만, 당시에는 악몽같이 고통스러운 일이었단다. 여기서 간단히만 얘기하자면, 중국 공산당의 무장 조직인 홍군이 1934년부터 1936년까지 만 2년에 걸쳐 장시성의 루이진에서 산시성의 북부까지 약 1만 킬로미터나 되는 거리를 걸어서 탈출한 것을 말해. 당시 홍군은 장제스의 국민당군과 치열한 전투를 벌이고 있었는데, 국민당이 홍군을 소탕하려고 대대적인 공세를 펼쳤기 때문에 그 추격을 피해 홍군은 고난의 길을 떠나야 했던 거였어.

정말이지 엄청나게 힘겨운 여정이었을 거야. 적군과 전투를 해 가면서 험난한 산길을 걸어야 했고, 무엇보다 많은 사람들이 함께 이동해야 했거든. 2년 동안이나 행군하면서, 수천 명이 폭격을 맞거나 질병 또는 굶주림으로 목숨을 잃었단다. 하루에 40킬로미터 가까이 걸었는데, 폭격을 피해 밤에만 어둠을 뚫고 걸어야 할 때도 많았기 때문에 고생은 더 심했지. 하루만 그렇게 걸어도 죽을 지경일 텐데, 적군을 피해 한밤중에 낯설고 험한 곳을 매일같이 40킬로미터씩 걷는다는 게 얼마나 힘든 일일지……. 그렇다고 잘 먹기나 했겠니? 나무 열매나 풀 따위로 겨우 굶주림을 견뎠어. 그러는 동안 탈영병이 생겨나기도 했고, 살아남은 사람 중에도 가족끼리 생이별을 하는 경우가 많았어. 마오쩌둥도 그 기간 중에 어린 자식들을 잃었어. 행군이 위험하고 고달프리라는 것을 알았기 때문에 그는 1932년에 태어난 막내아들 안훙을 동생 마오쩌탄에게 맡겨 둔 채 길을 나섰지. 하지만 마오쩌탄 역시 1935년 전사했고, 아들은 실종됐어. 1933년에 태어난 셋째 아들은 어려서 죽고, 대장정 중에 낳은 딸 역시 행군 도중에 농가에 맡겨 놓았다가 소식이 끊겨 버렸어. 이로 인한 마음의 상처로 마오쩌둥의 아내는 정신 질환을 앓다가 모스크바로 떠났지. 지도 세력이던 마오쩌둥 집안이 이럴 정도면 보통 사람들의 피해와 희생은 말하지 않아도 짐작할 수 있겠지?

애초에 30만의 병력이 장정을 시작했고, 도중에 지역의 농부들과 주민들이 많이 합세했는데도 장정을 마치고 새로운 근거지에 도착했을 때 남은 인원은 겨우 3만 명에 지나지 않았대. 그 정도로 인명 피해가 컸던 거야. 하지만 그 모든 비극을 거친 이후, 마오쩌둥의 위상은 크게 높아졌단다. 처음에는 그도 단지 국민당군에 쫓겨 달아나는 일개 당원에 불과했지만, 대장정 동안 지도력을 인정받아 결국 당 내에서 최고의 권력을 갖게 된 거야. 장정을 하며 거쳤던 지역의 농부들 마음도 공산당 편으로 돌려놓았고 말이야.

사실 초기에는 국민당이 공산당에 비교도 되지 않을 만큼 우세했다고 해. 2차 세계 대전에서 미국을 비롯한 연합국들은 공산주의자들을 최대의 적으로 보았기에, 그에 대항하는 장제스의 국민당을 지지했거든. 장제스가 마오쩌둥의 홍군과 싸우는 데 전력을 다한 반면, 공산주의자들은 게릴라 전술로 일본군을 몰아내는 데 주안점을 두었어. 많은 중국인들은 일본이라는 외세 배격에 우선 힘을 쏟는 마오쩌둥의 홍군을 지지했어. 국민당은 동족과 싸우는 데 혈안이 된 세력으로 인식되었던 거야.

아니나 다를까 전세는 점점 공산당에게 유리하게 흘러갔고, 도저히 승리할 수 없다고 판단할 만큼 패색이 짙어지자 장제스는 자신을 따르는 국민당 당원과 국민들과 함께 짐을 싸서 타이완 섬으로 달아났어. 그리고 그 섬으로 중화민국의 국민정부를 옮겨 왔지. 이로써 공산주의자들은 중국 본토를 장악하게 되었고 1949년 10월 1일, 마오쩌둥은 세상에 중화 인민 공화국의 탄생을 천명했지.

대약진 운동과 문화 대혁명

그런데 마오쩌둥은 집권 초기와 후기에 사뭇 다른 평가를 받는 인물이기도 해. 이빨 빠진 호랑이처럼 강대국에 의해 조롱받고 잠식되어 가던 중국을 하나로 묶어 낸 초기의 업적 덕분에 '건국 영웅'으로 칭송받는 한편, 후기에는 문화 대혁명을 일으켜서 엄청난 혼란을 야기하고 정적들을 숙청하기도 한 부정적인 정치인으로 비판받기 때문이지.

1953년부터 마오쩌둥은 국가 경제를 부흥하기 위한 1차 5개년 계획을 추진했어. 그리고 1958년 무렵부터는 흔히 '대약진 운동'이라 불리는 국가 경제 건설 2차 5개년 계획을 시작했지. 주로 철강 생산을 늘리는 운동을 벌였는데, 도시고 농촌이고 할 것 없이 온통 금속 만드는 일에 힘을 쏟게 하다 보니 농사는 소홀해질 수밖에 없었어. 그 결과 대규모의 식량 부족 사태가 발생했어. 식량이 모자라니 영양실조와 질병이 발생하고, 1960년대 초에 수많은 사람들이 기아에 허덕이다 목숨을 잃었어. 인구 학자들은 그때 굶어 죽은 사람이 1500만 명에 달했을 것으로 추정하고 있는데, 다른 요인들까지 합친다면 사망자 수가 3000만 명 정도 되었으리라 주장하는 학자도 있어.[*]

그로 인해 마오쩌둥의 정치 기반은 심하게 흔들렸어. 많은 사람들이 굶주리고 기아로 죽었으니 지도부에 대한 반감이 생기는 건 당연했지. 마침 그즈음 소련에서는 흐루쇼프가 스탈린 사후에 그를 비판하는 운동을 벌이고 있었는데, 한때 최고의 권력을 누렸던 스탈린이 죽은 뒤에는 크게 비판당하고 그의 동상이 시민들의 손에 의해 끌어내려졌다는 소식을 듣고 마오쩌둥은 긴장했단다. 자신도 죽은 뒤에

• 모리스 마이스너 『마오의 중국과 그 이후』 1, 김수영 옮김, 이산 2004, 330면.

마찬가지로 측근에 의해 비판당할 수 있다는 생각이 든 거지. 그 무렵에는 같은 공산당원들 중에서도 류사오치, 덩샤오핑 같은 이들이 대약진 운동의 실패를 보고 나서 수정 자본주의를 실시해야 한다고 주장하면서 새로이 주목받고 있었어. 마오쩌둥이 느끼기에는 자신이 뒷전으로 밀리는 것만 같고, 그래서 아마 조급증이 일었을 거야. 그는 측근이 반란을 일으키기 전에 선수를 쳤는데, 그게 바로 문화 대혁명이었단다.

1966년 시작된 문화 대혁명은 오래된 사상과 오래된 문화, 오래된 풍속과 오래된 습관을 '4대 구습'이라 일컬으며 몰아내자고 주장했던 운동이야. 마오쩌둥과 그의 아내 장칭 등 그의 측근들이 이끈 운동으로, 겉으로는 순수 사회주의로 돌아가자는 대중적인 혁명을 표방했지. 하지만 사실은 중국 공산당 내부의 마오쩌둥 반대파를 제거하기 위한 권력 투쟁의 일환이었다는 설이 많아. 보통 혁명이라고 하면 권력을 갖지 못한 자들이 권력을 가진 자에 대항해 일으키는 사건인데, 문화 대혁명은 권력을 쥔 자가 일으킨 혁명이라는 점에서 특이하다고 할 수 있지.

마오쩌둥은 일단 젊은 혈기로 가득한 수많은 학생들을 선동했어. 학생들을 '홍위병'으로 만들고 자신의 어록이 담긴 이른바 '붉은 수첩'을 읽고 외우고 따르도록 독려했지. 홍위병들은 마오쩌둥의 말을 받들어 중국 전역을 휩쓸고 다녔어. 구습을 타파하고 권위를 인정하지 않는 분위기가 거세지자 자녀가 부모를, 제자가 스승을 공개적으로 비판하는 일들이 일어나곤 했지. 재산이 있는 사람, 관리, 지식인

돼지고기

문화 대혁명기에는 오래된 사상과 문화, 풍속, 습관을 '4대 구습'이라 하여 없애려 애썼다.

'마오 주석은 우리 마음의 태양'이라는 주제의 포스터.

등 많은 사람들이 가진 것을 뺏기고 자아비판을 강요당하고 구타와 모욕을 당했으며 고문이나 학대 끝에 죽거나 자살했어. 마오쩌둥의 반대 세력은 권력을 잃고 투옥되는 등 다들 숙청되었지. 그렇게 문화 대혁명은 1966년부터 1976년 9월 마오쩌둥이 사망할 때까지 약 10년간 중국을 혼란과 광기의 도가니로 몰아넣었단다. 누구도 그 광풍에서 자유로울 수 없었지.

중국 영화 가운데 문화 대혁명을 소재로 하거나 배경으로 한 작품들이 유난히 많으니 찾아보면 좋을 것 같아. 엄마가 아는 몇 작품만 꼽아 보아도 「패왕별희」 「부용진」 「인생」 등이 있어. 하나같이 소용돌이치는 문화 대혁명의 광기 아래에서 굴곡진 인생을 겪어 낸 힘없는 국민들의 삶이 담겨 있단다.

문화 대혁명의 광풍이 거세던 1968년 12월, 마오쩌둥은 홍위병 운동에 제동을 걸어야겠다고 판단하게 돼. 초기에는 홍위병이 그의 혁명을 펼치는 데 필수적이었지만 시간이 흐를수록 통제 불능에 가까운 사회 혼란을 빚어서 그들을 막을 대안이 필요했거든. 그래서 그는 이른바 '상산하향(上山下鄕)' 운동을 벌였단다. 교육받은 도시의 청년들에게 농촌으로 가서 빈농과 하층농으로부터 재교육을 받으라고 한 것이지. 그렇게 그는 홍위병을 해산시켰어. 겉으로는 도시와 농촌의 격차를 좁힌다는 이상을 내세웠지만 그로 인해 해산된 홍위병과 대개 중학교 졸업생이던 1700만여 명의 도시 청년들이 배움의 기회를 뺏긴 채 농촌에서 고난과 빈곤을 감내해야 했지.

마오쩌둥, 과연 어떤 사람이었을까

대약진 운동도 그렇고 문화 대혁명도 그렇고, 마오쩌둥의 실정이 중국 사회에 그늘을 드리운 건 명백한 사실이야. 그러나 중국에서 여전히 마오쩌둥에 대한 열기와 존경이 수그러들지 않는 것도 현실이지. 어쨌든 그는 외세에 시달리던 무기력한 중국을 하나로 통일한 건국 영웅이니까. 마오쩌둥은 『열자』에 나오는 '우공이산(愚公移山)' 이야기를 좋아했다고 해. 어느 노인이 산을 옮기려는 생각으로 산의 흙을 퍼 담아서 바다에 버리는 일을 계속했다는 이야기 말이야. 어리석은 것처럼 보여도 우직하게 한 가지 일을 끝까지 포기하지 않고 노력하면 언젠가는 목적을 달성할 수 있다는 의미로 인용되잖아. 마오쩌둥은 사람들의 의지에 따라 어려운 난관도 극복할 수 있고, 하늘은 그런 사람을 돕기 마련이라고 생각했을 거야. 그렇게 그는 인간의 의지와 끈기를 강조했어.

마오쩌둥에 대한 평가를 내리기는 쉽지 않아 보여. 우선 평가를 내릴 수 있을 만큼 그리 오래전의 인물도 아니지. 중국에 공산당이 단일한 정당으로 존재하는 한, 그를 부정하는 것은 당 전체에 대한 부정으로 비칠 수 있기 때문에 중국에서도 아직까지 그에 대한 평가는 말을 아끼는 형편이란다.

게다가 집권 초기와 후기가 사뭇 다른 모습을 보인다는 면도 있어. 그는 흔히 '공칠과삼(功七過三)'이라는 평가를 받아. 공적이 7이고 과오가 3이라는 거지. 그래도 잘한 점이 더 많으니 이해하고 존경하자는 분위기인 거야. 시골에서는 아직도 신격화되기도 하고. 조금 시간이 더 흐르면 역사적인 평가가 모아지리라고 봐. 너희들 생각에는 어떻게 평가될 것 같아?

빵

마리 앙투아네트를
둘러싼 오해들

baguette

엄마는 요즘 샌드위치 만드는 재미에 빠졌어. 야
채를 좋아하지 않는 너희도 빵 사이에 끼운 양상추
나 토마토, 오이 피클은 곧잘 먹어서 말이야. 오늘은
샌드위치를 먹으면서 세계사 얘기를 해 보려고 해.

샌드위치 말고도 요새는 이런저런 빵을 자주 먹
게 되는 것 같아. 식빵이나 모닝 롤처럼 밥 대신 먹
는 빵, 도넛이나 애플파이 같은 달착지근한 간식용
빵, 생일이면 빠지지 않는 케이크까지……. 그런데
우리가 흔히 생각하는 빵은 효모를 넣어서 부풀린,
폭신한 느낌이 드는 거잖아. 하지만 효모를 넣지 않
고 만드는, 부침개처럼 납작한 빵도 있어. 껍질이
딱딱한 바게트도 있고. 우선 이 빵들과 관련된 역사
들부터 들려줄게.

납작한 빵에 얽힌 이야기

유대교의 명절 중에는 유월절이라는 게 있어. 이스라엘 달력으로 1월 14일에 해당하는 날인데, 쉽게 말하자면 부활절보다 열흘쯤 앞선 날에 해당되는 명절이지.

유월절(逾越節, Passover)에서 '유월'은 '지나쳐 가다', '그냥 넘어가다'라는 뜻이야. 그냥 넘어가다니, 무얼 그냥 넘어간다는 것일까? 이것을 알려면 설명이 조금 더 필요한데, 혹시 「출애굽기」라고 들어봤는지 모르겠구나. 구약 성서의 한 책으로, '애굽땅을 벗어난 기록'이라는 뜻이야. 이때 말하는 애굽은? 바로 이집트야. 성서에 따르면 이스라엘 민족의 지도자인 모세는 그곳에서 노예처럼 살던 유대인들을 이끌고 약속의 땅 가나안으로 가기 위해 이집트를 탈출하려 하지. 그런데 이집트의 왕 파라오는 유대인이 빠져나가는 걸 몹시 반대했어. 당시 유대인은 이집트에 노동력을 제공하는 존재였기 때문에 왕은 그들을 잃고 싶지 않았던 거야. 그러자 이집트에 열 가지의 재앙이 나타나는데, 파라오는 이 무서운 재앙을 모두 겪고서야 유대인들이 이집트를 떠나는 것을 마지못해 허락하게 돼. 맨 마지막에 등장한 제일 강력한 재앙이 바로 유월절의 기원이지. 모세는 이집트 전역에서 맏아들이 모두 죽을 것이라 예언했고, 끔찍하게도 그의 말대로 집집마다 장남들이 죽어 갔어. 파라오의 아들도 예외가 아니었지. 하지만 유대인들은 재앙을 당하지 않았어. 문기둥에 어린 양의 피를 바르면 그것을 본 죽음의 천사가 지나쳐 갈 것이라고 모세가 미리 알려 주었거든. 이것이 바로 '그냥 넘어간다, 지나쳐 간다'는 뜻의 유월절의 유래야. 성경에 따르면 이스라엘 사람들은 이런 고난과 기적을 경험하며 이집트를 탈출했고, 그런 까닭에 유월절은 오늘날까지 유대교를 믿는 사람들에게 중요한 명절이 되고 있어.

유대인들은 아들을 잃은 파라오가 복수의 손을 뻗기 전에 한시라도 빨리 그곳을 벗어나야 했단다. 빵 반죽이 발효되기를 기다릴 여유조차 없었지. 그래서 유월절 무렵에는 당시의 긴박했던 상황을 되새기려고 일부러 효모를 넣지 않고 만든 빵인 무교병('마차'라고도 함)을 만들어 먹는다고 해. 무교병은 이집트 탈출의 수난과 하나님의 은혜를 기념하는 음식이라 할 수 있지.

고대 로마의 당근 정책: 서커스, 사우나, 공짜 빵

서양에서는 옛날부터 빵이 우리의 밥처럼 식사의 중심이었어. 고대 로마에서도 신분이 낮은 계층은 주로 밀과 보리로 만든 죽이나

발효를 하지 않고 만드는 빵 마차(matzah).
이집트 탈출과 수난의 역사를 기념하는 유대교의 음식이다.

빵을 먹었고, 그 밖에 올리브와 포도 따위의 과일을 먹었대. 로마의 황제는 가난한 사람들에게 곡식과 기름을 나누어 주도록 조처했는데, 배급이 지연되면 폭동이 일어나기도 했기 때문에 이것은 매우 중요한 일이었어. 티베리우스 황제는 곡식 배급을 멈추면 나라가 '치명적인 손상'을 입을 수도 있다고 원로원에 경고하기도 했지.

로마 시대 황제와 귀족들은 폭동을 무마하기 위해 배급을 넉넉히 하면서 빵을 공짜로 나누어 주는 일이 많았어. 빵과 서커스, 그리고 공중목욕탕은 로마 시대 집권층이 서민들을 달래려고 제공한 일종의 서비스였어. 공짜로 빵을 나눠 주고 검투사들이 목숨 걸고 싸우는 장면을 구경하게 하고 대중목욕탕에서 무료로 목욕을 즐길 수 있게 한 것은, 서민의 생활을 개선하는 것 이상으로 왕과 귀족들이 자신의 입지를 강화하고 아랫사람들의 불만을 해소하기 위한 방편이었다고 봐야 할 거야. 자고로 '배부르고 등 따신' 시절이 태평성대이고, 제 백성을 배불리 먹이는 이가 최고의 지도자로 여겨져 왔잖아.

로마의 부유층은 정복지에서 잡아 온 노예를 요리사로 부렸는데, 이들의 음식 솜씨가 좋아서 이국적인 요리를 얼마든지 먹을 수 있었다고 해. 로마의 귀족은 늦은 밤까지 계속되는 잔치에 쓰일 음식을 마련하느라 어마어마하게 많은 돈을 썼지. 다들 화려한 연회에 참석해서는 기다란 식사용 침대인 '트리클리니움(triclinium)'에 눕듯이 기대앉아 귀한 음식들을 하염없이 먹어 댔어. 그러면서 노예 악사가 부르는 노래를 듣거나 무용, 곡예 등 다양한 재주를 가진 노예들의 공연을 감상했대. 그 당시는 아직 포크나 나이프를 사용하기 전이어서 음식을 손으로 집어먹고, 생선 가시나 닭 뼈, 과일 씨 따위는 바닥에 그냥 뱉었지. 지저분해서 어쩌느냐고? 맞아, 그래서 돌아다니면서 바닥에 떨어진 음식 쓰레기를 치우는 노예가 따로 있었대. 여기까지도 기가 차지만 그보다 더한 건, 먹다가 너무 배가 부르면 먹은 걸 게워 내고 다시 새로운 음식을 맛보기도 했다는 거야. 그 용도로 벽 한쪽에 구토를 위한 대야를 갖다 놓거나 아니면 별도의 방을 마련해 두기까지 했대.

이렇게 로마의 부유한 사람들과 가난한 자들의 생활은 극과 극이었어. 그래서 로마 제국에는 "부유한 사람은 과식으로 병나고 가난한 사람은 못 먹어서 병난다."라는 말까지 있었다고 해. 하지만 생각

고대 로마의 빵 가게 모습을 그린 프레스코화.

해 보면 꼭 옛날 로마에 국한된 얘기는 아닌 것 같아. 지금도 아프리카나 동남아시아 등 가난한 나라들에서는 기아와 영양실조로 고통받는 사람이 많은 반면, 선진국이라고 일컬어지는 나라들에서는 과도한 칼로리 섭취로 인한 성인병으로 고통받는 사람이 많으니까 말이야. 텔레비전 뉴스에서도 한쪽에서는 굶주린 아프리카 아이가 앙상한 갈비뼈를 드러낸 채 퀭한 눈을 하고 있는데, 화면이 바뀌면 뚱 뚱한 서양 사람들이 '비만과의 전쟁'을 외치며 러닝 머신 위를 뛰고 있는 장면을 볼 수 있잖아?

오늘날 아시아에서는 9억 5000만 명이 하루에 1달러가 채 안 되 는 돈으로 살아가고 있고, 아프리카에서도 2억 2000만 명이 같은 처 지에 놓여 있어. 그런데 사실 지구에는 지금보다 두 배나 많은 인구 도 먹여 살릴 만큼의 식량이 있다고 해.• 이런 자료들을 볼 때면, 사 실 식량이 모자라서가 아니라 골고루 나눠지지 못해서 비극이 일어 난다는 생각이 들어.

앙투아네트는 "빵이 없으면 케이크를 먹어라." 라는 말을 한 적이 없다

이제는 프랑스로 시선을 한번 돌려 볼게. 18세기의 프랑스 왕비 마 리 앙투아네트(Marie Antoinette)의 유명한 일화, 너희도 들어 봤지? 굶주림에 시달리다 못한 파리 시민들이 궁으로 몰려갔더니 "빵이 없 다고요? 아니, 빵이 없으면 케이크를 먹으면 되잖아요?" 했다던 얘기 말이야. 그런데 마리 앙투아네트는 이런 말을 한 적이 없대. 사실은 루이 14세의 부인 마리테레즈가 한 말이라는 거야. 마리 앙투아네트 가 왕비가 되기도 전에 이미 당시의 철학자 루소가 이 문장을 풍자적 으로 인용했으니, 마리 앙투아네트가 이 말을 했다고 하면 앞뒤가 맞

• 장 지글러 『왜 세계의 절반은 굶주리는가』, 유영미 외 옮김, 갈라파고스 2007, 37면.

지 않아. 이처럼 널리 알려진 일화라 해도 무턱대고 믿기보다 여러 책을 읽으면서 확인하고 스스로 판단하려는 자세가 필요할 거야.

그럼 왜 앙투아네트가 하지도 않은 말이 그녀가 한 말처럼 떠돌게 되었을까? 그건 사실, 왕비에 대한 프랑스 국민의 미움 때문이었어. 앙투아네트를 음해하는 온갖 말들이 떠돌았지. 남몰래 여러 남자를 사귄다는 둥, 프랑스의 국가 기밀을 적국 오스트리아에 몰래 알려 준다는 둥 이런저런 소문이 있었어.

생각해 보면 마리 앙투아네트는 참 불행한 삶을 살았어. 오스트리아의 여군주 마리아 테레지아(Maria Theresia)의 딸로 태어나 궁에서 곱게 자랐지만, 공주의 삶이 항상 귀하게 대접받지만은 않는다는 걸 여실히 보여 줬지. 사실 왕실의 여자들은 화려한 겉모습 뒤로 묵묵히 후계자 생산에만 전념해야 하는 비인간적인 상황에 놓였던 경우가 많아.

그녀는 열네 살이라는 어린 나이에 프랑스로 시집오게 돼. 유럽의 왕실들 사이에서 생겨난 이해관계에 따른 정략결혼이었지. 당시 오스트리아는 프로이센의 위협을 받고 있었기 때문에 프랑스와 동맹을 강화할 필요가 있었어. 프랑스의 힘을 얻어 주변국을 견제하기 위해 어린 공주를 프랑스로 보낸 거지. 앙투아네트는 입고 있던 드레스도 프랑스 옷으로 갈아입고 데려왔던 하인들도 돌려보내야 할 정도로 철저히 프랑스 사람이 돼야 했어. 게다가 말도 모어인 독일어가 아닌 프랑스어만을 써야 했고. 앙투아네트가 고국 오스트리아와 어머니를 몹시 그리워한 것도 당연하지. 그리고 또 염두에 둘 것은 권력의 주위

모슬린 드레스를 입은 마리 앙투아네트의 초상. 옷차림이 공식적이지 않다는 이유로
당시 보수적인 프랑스 사회를 놀라게 한 작품이기도 하다.

에는 항상 중상모략과 질시가 존재하기 마련이라는 거야. 열네 살에 프랑스 왕자와 결혼하고 열아홉에 왕비가 되었지만, 남편 루이 16세 역시 어린 나이여서 아내에게 든든한 언덕이 되어 주지 못했어. 후계자 생산도 자연히 늦어졌지. 그러니 마리 앙투아네트는 마음 둘 곳 없이 법도에 얽매인 채로 살아야 했던 거야. 사실 처음부터 대중에게 미움을 받은 것은 아니었어. 처음 프랑스로 왔을 때는 크게 환영받았다고 해. 그녀의 아름다움과 우아함 덕분이기도 했지만, 어머니의 후광 효과가 컸어.

오스트리아의 여제 마리아 테레지아는 대단한 여장부였대. 초기에는 왕위 계승 전쟁으로 마음고생도 하고, 슐레지엔 지방을 프로이센에 빼앗기기도 했지만, 당대 유럽의 강대국들 사이에 위치한 나라의 지도자로서 언제나 영민하고 당당하게 행동했지. 이 시기의 오스트리아는 '합스부르크 제국'이라고 해서 오늘날의 오스트리아를 비롯해 헝가리, 폴란드 등을 아우를 정도로 영토가 넓었어. 마리아 테레지아는 늘 나라 일로 바빠 쉴 틈이 없었는데, 심지어 아이를 낳느라 산모용 침대에 있으면서도 서류를 검토할 정도였다는구나. 오스트리아의 수도 빈에 가면 그녀의 동상이 있단다. 그녀의 이름이 붙은 광장 한가운데에 위치한 동상 좌우로는 미술사 박물관과 자연사 박물관이 자리하고 있어. 이처럼 오스트리아 사람들은 마리아 테레지아를 위엄과 기품이 있는 군주로 여긴다고 해.

마리 앙투아네트가 프랑스에 왔을 때도 그러한 어머니를 둔 덕에 프랑스 사람들에게서 환영을 받았지만, 결혼 후 몇 년 동안이나 임신을 하지 못하자 민심은 차츰 멀어져 갔어. 그리고 당시 서민들의 생활고가 누적되면서 점차 그녀는 대중의 표적이 되었지. 왕비가 사치를 한다는 소문이 돌았고, 나중에는 음란하고 방탕하다는 쪽으로도 번져 나갔어. 그러다 보니 왕비는 점점 자신감도 줄어들고 위축되어서, 베르사유 궁 정원의 북쪽에 있는 프티 트리아농(Petit Trianon) 궁에서 살다시피 했대. '프티'는 프랑스어로 '작은'이라는 뜻이야. 이 작고 소박한 궁 한쪽에는 프랑스의 시골 농가를 재현한 작은 마을도 있었는데, 왕비는 거기서 가축을 기르고 젖을 짜는 시골 여인 놀이를 하며 지냈대. 물론 이를 두고도 "자연으로 돌아가라."며 소박한 삶을 주장한 당대의 철학자 루소의 영향을 받아 어설프게 흉내 낸 것이라는 비판이 있지만, 마리 앙투아네트가 다른 왕비나 왕의 정부들보다 특별히 더 사치스럽지는 않았던 것 같아. 루이 15세의 정부 마담 퐁파두르도 베르사유 궁의 인테리어를 화려하게 꾸미느라 국고를 낭비했고, 또 다른 정부 마담 뒤바리 역시 커피를 마시기 위해 금으로 된 주전자와 찻잔 따위를 갖추고 빈에서 도자기 주전자를 수입하느라 국고에 부담을 주었지.

그런데도 사람들은 왜 유독 마리 앙투아네트를 그렇게 미워했을까? 여기에는 빵이 결정적인 이유로 작용했어. 1788년에 큰 흉년이 든 데다 겨울에는 혹한까지 닥친 거야. 빵값은 치솟았고, 가난한 사람들의 삶은 더욱 어려워졌지. 이때 이상한 소문이 퍼졌어. 왕비와 귀족들이 이득을 보기 위해서 밀가루를 부족한 상태로 만들어 놓으려고 공모하고 있다는 것이었지. 그 얘기는 후대의 역사가들이 밝혔듯이 물자가 턱없이 부족한 상황에서 비어져 나온, 잘못된 소문에 불과했어. 하지만 사실 여부와 상관없이 생활고에 시달리던 사람들에게는 분노를 표출할 대상이 필요했고, 그러다 보니 왕비를 둘러싼 소문을 만들어 내는 일이 많았지. 목걸이 사건도 그중 하나야.

목걸이 사건은, 어떤 귀부인이 왕비가 사 오라고 했다며 값비싼 목걸이를 외상으로 가져간 뒤에 대금을 지불하지 않았던 데서 시작해. 목걸이를 판 보석상은 왕비가 자기에게 사기를 쳤다고 생각했고, 그래서 왕비 이름이 사람들 입에 오르내렸던 거야. 조사해 보니 그 귀부인이 왕비 이름을 팔아 목걸이를 가로챈 것임이 드러났고, 그 여인은 벌을 받았어. 그뿐이야. 앙투아네트의 입장에서 보면 가만히 앉아서 억울한 일을 당한 거야. 그렇지만 워낙 미운털이 박혀 있던 타라, 사람들은 '평소에 얼마나 사치를 했으면, 왕비 이름만 대도 그 값비싼 목걸이를 덜컥 내주었을까.'라고 생각했지.

사실 루이 16세와 마리 앙투아네트는 이전 왕과 왕비들에 비해 자비로운 편이었음을 알 수 있는 기록도 많아. 프랑스로 시집간 초기에 앙투아네트가 어머니에게 보낸 편지에는 이런 말이 있었대. "친애하는 어머니, 이 가난한 사람들이 자기들이 모든 짐을 지고 있음에도 불구하고 우리에게 보여 준 기쁨과 애정은 말로 다 할 수가 없습니다." 이때 '짐'이란 세금을 뜻하는 말로 통용되고 있었던 걸 생각할 때, 국민들의 세금에 의해 나라가 지탱되고 있음을 왕비로서 알고 있었다는 얘기지.

프티 트리아농에 있을 때는 앞서 말했듯이 농학자 파르망티에의 권유를 받아들여서 감자밭을 일구게 했어. 굶주리는 백성들을 위해 감자를 보급하려는 거였지. 루이 16세도 바스티유 감옥에 수감된 사람들의 처우 개선에 힘썼고, 가난한 생선 장수들에게 부과된 세금을 없애 주기도 했대. 그는 방에서 혼자 기계 부품 만지작거리기를 좋아했고, 말년에 권력에서 끌어내려졌을 때는 한치 앞을 알 수 없는 처지였는데도 아들에게 줄 공을 구해 달라고 부탁할 정도로 애틋하고 가정적인 면도 있던 사람이었단다.

그와 달리 루이 14세는 "짐은 곧 국가다."라는 말로 대표될 정도로 절대주의 시대를 화려하게 살다 간 왕이야. 그는 숱한 침략 전쟁을 벌이고 호화롭기 짝이 없는 베르사유 궁전을 짓느라 나랏돈을 탕진하고 백성들의 노동력을 착취했지. 루이 15세가 뒤를 이어 왕좌에 올랐는데, 그는 적국 오스트리아와 손을 잡고 영국을 상대로 7년 전쟁을 벌였다가 패하면서 불명예와 더불어 국가 재산의 엄청난 손실을 초래했고, 그 부담은 고스란히 다음 왕인 루이 16세에게로 넘어가고 말아. 그러니 루이 14세 때부터 누적된 재정 부담과 사람들의 불만이 루이 16세 때 터져 나온 거라고 보아야 해.

1789년에 혁명이 일어나자 시민들은 베르사유 궁으로 쳐들어가서 국왕 내외를 파리 시내로 이송했단다. 사람들은 이송 중인 마차를 둘러싸고 목이 쉬도록 '빵장수와 빵장수 아내와 빵장수 아들을 파리로 데려가고 있다.'는 내용의 노래를 불렀다고 해. 그들은 왕과 왕비를 잡아들이기만 하면 곧 공짜로 빵을 얻을 수 있을 거라고 생각했던 거야.

그 뒤, 파리의 튈르리 궁에 붙잡혀 있던 루이 16세와 마리 앙투아네트는 혁명의 기운이 점점 거세지자 겁에 질려 외국으로 도망치려고 했어. 그러다 바렌 지방에서 발각되었지만. 이것을 '바렌 도주 사건'이라 하는데, 그 이후 백성들은 왕과 왕비를 비겁한 도망자로 보기에 이르지.

결국 루이 16세와 마리 앙투아네트는 프랑스 대혁명이라는 격변기의 소용돌이에 휘말려 단두대의 이슬로 사라졌어. 하지만 앙투아네트의 죄목에 근친상간 등 사실이 아닌 것도 들어 있던 점을 고려하면, 정치적으로 희생된 면 역시 있다고 봐야 할 거야. 당대의 혁명 정부가 보기에 루이 16세와 마리 앙투아네트는 살려 두기에는 위험한 존재였을 테니까. 그들을 중심으로 언젠가는 왕정복고를 꾀하는 사람들이 모여들 가능성이 있으니 말이야.

바게트와 크루아상, 그리고 세계의 국기

프랑스 얘기가 나온 김에 프랑스의 대표적 빵 얘기도 해 볼까?

이 빵 알지? 바게트(baguette). 프랑스 말로 '막대기'라는 뜻이야. 바게트의 유래에는 몇 가지 설이 있는데, 그중 하나는 프랑스 혁명기에 만들어졌다는 거란다. 그때는 '무게는 300그램, 길이는 80센티미터'라고 아예 빵의 형태를 법으로 정해 놓았다는구나. 너나없이 똑같은 빵

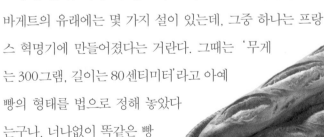

을 먹기 위한 조치였고, 그래서 '평등 빵'이라고 불리기도 했대. 구체제에 신물이 난 사람들이 이제부터는 빵 하나도 평등하게, 똑같은 걸로 먹자고 결심한 거였지. 사실 혁명 전에는 흰 빵이란 귀족들만 먹을 수 있는 것이었고, 평민들은 아무리 많은 돈을 내더라도 먹을 수가 없었어. 평민들의 음식은 검은 빵뿐이었지. 흰 빵을 먹다 들키면 옥살이를 해야 했거든. 이런 불평등에 대한 반발로 '평등 빵'이라는 개념이 생겨났겠지. 이렇게 근대 혁명을 거치면서, 똑같은 값에는 똑같은 질의 상품을 제공받는 게 당연하다는 인식이 점차 자라나게 돼.

그런가 하면 바게트는 처음에 보관하기 쉬운 군대용 빵으로 만들어졌다는 설도 있어. 긴 전투를 치르기 위해서는 보존이 잘되는 음식이 필요했으니까. 전쟁 중에 오븐이나 화덕을 가지고 다니면서 빵을 구울 수도 없고, 말랑말랑한 보통 빵은 이삼일만 지나도 상하기 십상이잖아. 그래서 일종의 전투 식량으로 개발했다는 거야. 전쟁터에서 잘 때 베고 자기도 했다니, 조금 비위생적인 것 같기도 하지? 나폴레옹은 군사들과 백성들의 먹을거리에 신경을 많이 썼는데, "군대가 진격하려면 우선 배 속이 든든해야 한다."고 말할 정도였어. 바게트 외에 병조림 식품도 만들었고, 사탕무로 설탕을 제조하는 방법까지 도입했대. 그의 첫 번째 아내 조세핀 황후 역시 고구마를 널리 보급하기 위해 애썼다고 해. 서인도 제도의 마르티니크 섬 출신인 조세핀 황후는 고향에서 흔히 먹던 고구마를 프랑스 사람들이 잘 모르는 것이 안타까웠나 봐.

그럼 다음으로, 아래의 빵의 이름은? 맞아, 크루아상이야. 바게트 못지않게 프랑스인들의 사랑을 받는 빵이지. 크루아상(croissant)은 프랑스어로 '초승달'을 뜻해. 이 빵은 원래 오스트리아와 헝가리 지역에서 먹던 평범한 모양의 빵이었는데, 오스트리아가 1636년 오스만 튀르크의 침공을 막아 낸 뒤에 승리를 기념하려고 초승달 모양으로 만들기 시작했다는 설이 있어. 왜 하필 초승달 모양이었느냐고? 오스만 튀르크는 오늘날의 터키로 이슬람 국가였는데, 이슬람의 상징이 초승달이거든. 그러니까 초승달 모양의 빵을 만들어 먹음으로써 승리의 기쁨을 만끽하려던 거였지. 무슬림의 입장에서 보자면, 전쟁에서 진 것만도 억울한데 적국 사람들이 이슬람의 상징을 빵으로 빚어서 먹었다니, 모욕당하는 기분이었을 것 같아. 하여간 크루아상은 그렇게 만들어져서 1770년 마리 앙투아네트가 시집오면서 프랑스에 전해진 거야. 여기서도 마리 앙투아네트가 나오다니, 어쩐지 빵과는 떼려야 뗄 수 없는 관계인 것 같지?

이슬람 국가에게 초승달은 큰 의미가 있어. 이슬람교를 창시한 마호메트가 알라로부터 계시를 받던 날 밤, 하늘에 초승달과 별이 나란히 떠 있었대. 마호메트가 메카에 있다가 쿠라이시 족의 박해와 탄압을 피해 메디나로 근거지를 옮기던 622년의 '헤지라' 때 초승달이 떠 있었다고도 하고. 그래서 이슬람 국가들에서는 초승달을 중시

하고 초승달과 별을 상징으로 많이 사용한단다.

초승달과 별이라. 국기 모양을 떠올려 보면 이해하기 쉬울 거야. 언젠가 엄마가 세계 각국의 국기들이 그려진 책을 펼쳐 놓고 보다가 좀 특이한 사실을 발견했거든. 일본이나 우리나라처럼 독특한 모양의 국기도 있지만, 비슷하게 생긴 국기가 정말 많은 거야. 프랑스, 아일랜드, 이탈리아처럼 세 가지 색으로 나뉜 국기도 있지만, 그 밖에 대략 두 가지의 공통된 패턴의 국기들이 있더라고. 하나는 십자가 모양의 국기, 다른 하나는 초승달과 별이 그려진 국기였어.

이게 우연의 일치일까, 아니면 무슨 사연이 있는 걸까 생각하다가 비슷한 모양끼리 한번 모아 봤어. 국기에 십자가가 그려진 나라는 노르웨이, 덴마크, 아이슬란드 같은 곳이었어. 반면 초승달과 별이 그려진 나라는 싱가포르, 말레이시아, 모리타니, 알제리, 코모로 같은 곳이었고. 슬슬 짐작이 되니? 맞아, 국기에 십자가가 그려진 나라는 기독교나 가톨릭을 믿는 나라들이고, 초승달과 별이 그려진 나라는 전부 이슬람교를 믿는 나라들이야.

모리타니랑 코모로는 엄마도 좀 낯설어서 자료를 찾아봤거든. 하지만 그러기 전부터 둘 다 이슬람교를 믿는 나라일 거라는 짐작이 되더구나. 아니나 다를까, 모리타니는 국교가 이슬람이고 코모로는 전체 종교인의 98퍼센트가 무슬림인 나라였어. 점쟁이가 된 기분이지 뭐야!

아, 그리고 영국 국기 '유니언 잭(Union Jack)'을 많이 닮은 국기를 보면 그 나라들이 영국 연방이거나 과거에 영국의 식민지였다고 보

윗줄 왼쪽부터 차례로 노르웨이, 덴마크, 아이슬란드, 영국, 오스트레일리아,
뉴질랜드, 투발루, 피지의 국기. 모두 십자가가 그려져 있다.

차례로 터키, 튀니지, 파키스탄, 싱가포르, 말레이시아, 모리타니, 알제리, 코모로의 국기.

면 돼. 오스트레일리아, 뉴질랜드, 투발루, 피지 같은 나라들 말이
야. 프랑스의 식민지였던 기니, 말리, 세네갈 등도 마찬가지로 프랑
스의 삼색기와 닮은 국기를 쓰고 있단다.

  크루아상과 연관된 역사를 알게 되니 각국의 국기가 달리 보이지?
그뿐이니? '기독교 대 이슬람교'가 영어로는 왜 'the Cross vs. the
Crescent'인지, 적십자사(Red Cross Society)에 해당하는 이슬람 단체
는 왜 적신월사(Red Crescent Society)인지도 이제 짐작할 수 있을 거
야. 이 작고 보드라운 크루아상 하나에 많은 것이 담겨 있지?

닭고기

프랑스의 선량한 왕
앙리 4세와 때를 잘못 만난
미국의 후버 대통령

자, 이번에는 통닭 먹으면서 세계사를 논해 보는
거 어때? 닭고기 요리 하면 너희는 제일 먼저 뭐가
생각나? 역시 전화로 주문하면 금세 배달되는 치킨
이겠지? 엄마는 가리지 않고 다 잘 먹긴 하지만, 삼
계탕 아니면 닭백숙이 떠오르네. 우리나라의 대표
적 닭 요리는 그 두 가지 아닐까 싶어. 그럼 프랑스
의 대표적인 닭고기 요리는 무엇일까?

일요일엔 모두 닭고기를 먹게 하겠노라, 코코뱅과 앙리 4세

프랑스의 대표적인 닭 요리는 뭐니뭐니 해도 코코뱅(coq au vin)일 거야. 이름의 어감이 재미있지? 프랑스어로 코크(coq)는 수탉, 뱅(vin)은 포도주를 뜻해. '코코뱅'은 와인 속 수탉이라는 뜻이니, 다시 말해 포도주로 만든 닭 요리가 되는 거지. 이 요리를 만들려면 이름처럼 닭과 포도주가 필요해. 수탉으로 만들어야 정통 코코뱅이 될 테지만, 어쨌든 닭고기에 밑간을 해서 구운 다음 와인을 충분히 넣고 끓이다가 약한 불로 1시간 넘게 조려. 그러다 와인이 자작해질 때쯤 양파, 버섯, 당근 따위의 야채를 넣고 5분 정도 더 조리면 완성! 코코뱅은 프랑스 농가에서 즐겨 먹던 요리인데 요즘에는 크리스마스 같은 특별한 날에 빠지지 않는 음식으로 자리 잡았지.

코코뱅은 큰 닭의 질긴 육질을 부드럽게 만들기 위해서 고안된 요리라는 설도 있고, 백성들의 가난한 생활을 본 왕이 일요일에는 닭

을 먹으라고 명령한 데서 시작되었다는 설도 있어. 이건 사실 명령
이라기보다 바람이라고 해야 맞겠지. 앙리 4세가 "백성들이 일요일
이면 닭고기 요리를 먹게 하겠다."고 말한 적이 있거든.

앙리 4세는 22년 동안 프랑스를 다스리면서 백성들의 안전과 먹
을거리를 걱정해서 '선량왕 앙리'라는 별명을 얻었어. 많은 왕들 중
에서 그가 이러한 찬사를 듣게 된 이유는 뭘까? 백성들이 하나같이
'우리 왕은 정말 착해. 우리를 진심으로 염려해 줘.'라고 생각했다는
거잖아. 그 비결을 좀 더 자세히 알아보자.

사실 사람들이 왕이나 지도자층에게 바라는 것은 단순해. 로마 시
대의 황제들도 빵과 서커스, 사우나 등에 신경을 썼다는 얘기는 앞
에서도 한 적이 있지? 마찬가지로 중국에서도 요순시대부터 '등 따
시고 배부른 것'을 중요시했어. 잔뜩 먹고 배를 두드린다는 뜻의 '함
포고복(含哺鼓腹)'이라는 고사성어도 같은 의미지. 그러니까 백성들
로부터 찬사를 받는 비결은 먹을거리가 충족되는 평화로운 시대를
마련하는 거야. 앙리 4세는 그것을 이뤘기에 지지를 받은 거고.

앙리 4세가 왕위에 오르기 전에 프랑스에서는 구교(가톨릭)와 신교
(기독교) 사이에 종교 전쟁이 벌어져서 30년 가까이 나라가 불안했
어. 당시 프랑스는 오늘날 우리나라처럼 종교의 자유가 보장되어서
기독교를 믿든 불교를 믿든 이슬람교를 믿든 개인의 자유인 시대가
아니었거든. 지금도 국교가 있는 나라가 있긴 하지만, 당시의 종교
문제는 정말 심각한 것이었어.

"백성들이 일요일이면 닭고기 요리를 먹게 하겠다."고 말한 프랑스의 왕 앙리 4세.
이 그림에서는 가난한 농민 가족이 왕의 방문에 기뻐하고 있다.

종교 갈등으로 피 흘리는 백성들

조금 더 자세히 얘기해 볼게. 영국의 헨리 8세가 있던 튜더 왕조를
예로 들어 설명할 수 있겠다. 튜더 왕조 시대는 워낙 이야깃거리가 많

아서 영화나 드라마로도 자주 재현되는 시대이기도 하지. 헨리 8세는 자신의 애정 문제 때문에 로마 가톨릭에서 영국 성공회로 국교를 바꾸었어. 당시에는 왕이 믿는 종교를 국민들도 따라야 했으니, 이건 왕이 제 기분대로 국민들의 종교를 바꿔 버린 셈이야. 왜 그랬느냐고? 그게, 헨리 8세의 부인인 캐서린이 오래도록 왕자도 낳지 못하고 늙어 가던 무렵, 앤 불린(Anne Boleyn)이라는 젊은 여인이 왕의 눈에 띄었거든. 궁중 시녀 출신인 젊고 매력적인 이 여인에게 헨리 8세는 정신을 못 차릴 정도로 빠져들었어. 그런데 앤 불린은 정식 결혼을 원했어. 첩이나 정부 따위는 싫으니 왕비로 맞아 달라고 한 거야. 그래서 헨리 8세는 캐서린과 이혼을 하려고 했지. 그런데 가톨릭의 수장인 로마 교황이 이혼을 허용하지 않았어. 허용할 수가 없었지. 가톨릭 교리에 이혼이 금지되어 있을 뿐 아니라, 캐서린은 스페인의 공주라는 배경이 있어서 함부로 대할 수 없었거든. 스페인은 대표적인 가톨릭 국가였고 당시 강대국이었기 때문에 그 나라의 심기를 불편하게 할 수 없었던 거야. 그런 이유들 때문에 교황이 이혼을 허락하지 않자, 헨리 8세는 나라 전체의 종교를 바꿔 버리겠다고 공언했어. 로마 가톨릭과는 인연을 끊고 자기 뜻대로 살겠다고 한 거지. 그는 결국 앤 불린과 새로 결혼했고, 로마 교황청은 그를 파문했지. 그는 눈 하나 깜짝 안 했겠지만 말이야.

세월이 흘러 헨리 8세가 죽고 그의 병약한 아들 에드워드가 어린 나이에 왕위를 이었지만 6년 만에 병으로 죽고 말아. 다음 왕위는 헨리 8세의 큰딸 메리에게 돌아갔지. 메리의 어머니는 이혼당한 캐서린이야. 메리는 어머니의 영향을 받아서 독실한 가톨릭 신자였고, 마찬가지로 가톨릭을 믿던 스페인의 펠리페 왕자와 결혼했지. 그래서 메리는 영국 국교인 성공회나 청교도 등 신교를 억압했어. 기독교인을 수없이 박해하고 화형시켜서 '피의 메리(Bloody Mary)'라는 악명을 얻을 정도였지. 그걸로 끝이 아니야. 세월이 흘러 메리 여왕도 병으로 죽고, 다음 왕위는 엘리자베스 1세에게로 돌아갔어. 엘리자베스 여왕의 종교는? 언니인 메리 여왕이 살아 있을 때는 가톨릭을 믿는 척했지만, 사실 엘리자베스는 영국 성공회를 믿고 있었어. 그러니 영국 국민들은 입장이 다시 한 번 뒤바뀐 거였지. 가톨릭 신자들이 반란을 일으키자 엘리자베스 여왕은 군대를 보내 그들을 진압하고 가톨릭 교도를 800명이나 잔인하게 처형했어. 한 가문의 아버지와 언니와 여동생의 종교가 서로 달라서 누가 왕위에 오르느냐에 따라 국민들의 목숨이 위태로웠던 거야.

갑자기 영국의 역사를 길게 얘기했지만, 프랑스의 앙리 4세가 마르그리트 공주와 결혼하던 당시의 프랑스도 마찬가지 상태였어. 오히려 더 심각했다고도 할 수 있었지. 구교와 신교 간의 갈등이 정말 심해서 엄청난 피바람이 불었거든. 앙리 4세와 '여왕 마고'로 알려진 마르그리트 공주가 결혼했는데, 정치적인 목적으로 한 애정 없는 정략결혼이었지. 게다가 마르그리트 공주는 구교를 믿었고 훗날 앙리 4세가 되는 앙리 드 나바르(Henri de Navarre)는 신교도였으니 둘의 결합은 처음부터 영 불안했던 거야. 결혼하고 엿새째 되는 날이었어. 그날은 성 바르톨로메 축일이라 신교도, 구교도 할 것 없이

프랑수아 뒤부아가 그린 「성 바르톨로메오 축일의 학살」.
개신교도들을 참혹하게 학살하는 로마 가톨릭교도들의 모습이 보인다.

많은 사람들이 왕가의 결혼을 축하하러 모여들었대. 그런데 그때 가톨릭교도 측에서 군대를 보내 신교도 수천 명을 살해한 거야. 원래는 신교도 지도자 스무 명 남짓만 본보기로 처단하겠다는 의도였는데, 흥분한 구교도들이 신교도를 보이는 대로 죄다 잡아 죽이고 만거지. 이에 신교도가 보복을 하면서 프랑스 전역에서는 가톨릭교도와 개신교도 사이에 내전이 시작되었어.

앙리 드 나바르는 구교도와 프랑스 왕실에 의해 가톨릭으로 개종할 것을 강요받았어. 그 뒤 4년이나 궁 안에 갇히는 신세가 되었다가 극적으로 탈출했지. 그런 다음 신교도들의 우두머리로서 가톨릭세력에 맞서게 돼. 1589년, 마침내 그는 프랑스의 왕으로 즉위했어.

그런데도 가톨릭 세력은 여전히 그를 프랑스 왕으로 인정하지 않고 파리로 입성하는 것조차 막았지. 그러자 앙리 4세는 이번에는 스스로 개신교를 버리고 가톨릭으로 개종했고, 마침내 로마 가톨릭 연맹은 그를 왕으로 인정했어. 앙리 4세의 개종은 백성들이 더 이상 종교로 인해 싸우는 걸 원치 않았기 때문이기도 하지만, 왕으로서 권력을 휘두르기에는 구교가 편했기 때문이기도 해.

어쨌거나 가톨릭을 믿는 다수의 프랑스 백성들은 엄청나게 안심했겠지. 이제는 신교도들이 불안하게 됐어. 하지만 앙리 4세는 왕이 되기 쉬운 길, 백성들이 평화로울 수 있는 방안으로서 종교를 바꾼 것이었기 때문에 신교도를 탄압할 이유가 없었어. 그래서 그는 1598년 '낭트 칙령'이라는 것을 발표했지. 낭트 칙령이란, 신교도에게도 일정 지역 내에서 종교적 자유와 정치적 권리를 인정하기로 한다는 왕의 명령이야. 이것으로 종교의 자유가 처음으로 실현된 셈이야.

그렇다고 종교 문제가 완결된 것은 아니야. 한동안은 잠잠했지만 가톨릭과 개신교 간의 갈등은 이후에도 틈만 나면 고개를 내밀었고, 유럽의 종교 전쟁은 1648년에 체결된 베스트팔렌 조약에 의해 끝나는 것으로 평가되거든. 그래도 앙리 4세가 공포한 낭트 칙령은 유례가 없던 일이라 종교의 자유를 언급할 때면 늘 중요하게 다뤄진단다.

낭트 칙령 원본.

앙리 4세는 프랑스인들을 종교 갈등에서 풀어 주고, 대신 풍요로운 일상을 마련해 주고 싶어 했던 것 같아. 그래서 궁핍했던 프랑스 재정 상태를 개선하려고 현명한 사람을 재상으로 등용했고, 농민들의 세금은 줄이고 귀족들의 세금은 늘렸어. 상공업자들의 자유와 안전을 보장함으로써 상업과 공업이 부흥하도록 도왔지. 그뿐 아니라 토지 관리, 도로망 확충, 운하 건설과 캐나다 퀘벡 주 개발 등등 수많은 사업들이 앙리 4세 때 이루어졌어.

앙리 4세가 프랑스에서 '선량왕'이라고 불리는 이유, 이제 조금 알겠지? 일요일마다 가족들이 평화롭게 식탁에 둘러앉아 닭고기를 먹을 수 있는 것, 그것이 바로 앙리 4세가 이루고 싶었던 풍요로운 나라의 모습이었던 거지.

집집마다 자동차를, 냄비마다 닭 한 마리를

자, 이제 20세기의 미국으로 한번 건너가 볼까? 시간과 공간을 훌쩍 건너뛰는 얘기인데, 앙리 4세와 비슷한 표어를 내세운 지도자가 있었어. 미국 대통령 선거에 출마하면서 "차고마다 자동차를, 냄비마다 닭 한 마리를!"이라는 광고를 했거든. 그는 바로 허버트 후버(Herbert Hoover)라는 사람으로, 미국 제31대 대통령으로 당선되었지. 그가 출마한 1928년은 미국이 한창 잘나가던 1920년대의 끝자락이었어. 1920년대의 미국은 그야말로 번영의 시대였단다. 웬만한 가정집에는 냉장고, 라디오, 자동차가 있을 정도로 생활 수준이 향상되었지. 당시 제1차 세계 대전으로 초토화된 유럽과 달리 미국은 전쟁 지역

1928년 10월 30일 『뉴욕 타임스』에 실린 후버의 대통령 선거 광고.
"급료, 배당금, 발전과 번영을 위해 후버에게 투표하라."는 글귀가 보인다.

에서 멀찌감치 떨어져 있어서 피해가 적었어. 아니, 오히려 유럽에
물자를 수출하면서 더 큰 부를 축적할 수 있었지. 경제가 활성화되
니 미래에 대해서도 낙관적인 생각을 한 사람들이 주식을 사들이면
서 주가는 계속 올랐단다. 주식을 산 사람들이 돈을 많이 버는 걸 보
고는 다들 돈만 생기면 주식을 사고 또 샀어. 그렇게 주식 시장은 과
열되었지.

그 무렵 미국 대통령 선거가 있었고, 경제를 낙관했던 후버 대통
령은 자신을 대통령으로 뽑아 주면 "차고마다 자동차를, 냄비마다
닭 한 마리를" 가질 수 있을 만큼 안락한 삶을 약속한 셈이었지. 그
렇게 그는 당선되었어. 약속은 지켜졌을까?

아니었어. 오히려 미국인들은 유례가 없을 정도로 극심한 가난에

시달리게 돼. 이것을 꼭 후버 대통령의 실정 탓이라고 말하기는 힘들어. 그간의 거품이 하필이면 후버 대통령 시기에 터진 거라고 보아야 할 거야.

1929년 미국은 대공황을 맞게 돼. 십여 년 동안 이어진 호황이 끝나고 갑자기 주식 가격이 떨어지기 시작했어. 사람들은 겁을 먹고 앞다투어 주식을 내다 팔았어. 값이 더 떨어지기 전에 처분하려고 동시에 달려들자 가격은 더욱더 곤두박질쳤지. 은행들이 줄줄이 파산하고, 수많은 회사가 문을 닫았지. 사람들은 실업자가 되어 거리를 배회했어.

후버 대통령은 '보이지 않는 손'이라는 시장의 힘을 믿었기에 이 사태의 초기에는 정부가 지나치게 간섭하면 안 된다고 생각했어. 당시에는 경제적 자유주의 사상이 너무나도 확고하게 퍼져 있었거든. 하지만 상황이 걷잡을 수 없이 심각해지자 더 이상 가만있을 수가 없었지. 정부가 시장에 개입하고 새로이 댐을 건설하는 등 일자리를 만들어 내려고 했어. 하지만 이미 실업과 부채의 규모가 너무나 심각했기 때문에, 1932년 재선에 나섰을 때는 민주당 후보였던 프랭클린 루스벨트(Franklin Roosevelt)에게 패했단다. 불경기에 절망한 사람들이 루스벨트에게 몰표를 주었던 거야.

후버 가죽, 후버 담요, 후버 사과……

후버 대통령은 임기를 시작한 지 얼마 되지 않아 대공황이 일어나

대공황기의 빈곤한 모습. 아래쪽의 피켓에는 다음과 같이 적혀 있다.
"고된 시기가 여전히 우리 위를 떠돌고 있습니다." 여기서 떠다니고 있다는 뜻의
'hover' 대신 'hoover'를 써서 후버 대통령을 조롱하고 있다.

는 바람에 모멸적인 말도 많이 듣게 된단다. 지독한 가난에 시달리
는 미국 시민들이 대통령의 이름을 붙여 자신들의 궁핍한 현실을 희
화했거든. 신발 깔창 대신 마분지를 덧대어 신으면서 '후버 가죽'이
라 불렀고, 이불이 없어 신문지를 덮고 자면서는 '후버 담요'를 덮는
다고 했어. 거리에서 사과를 팔면서는 '후버 사과'를 판다고 했고,
무허가 판자촌은 '후버 마을'이라고 불렸지.

  하지만 루스벨트 대통령의 공으로 흔히 알려진 '뉴딜 정책', 그리
고 그 핵심 중 하나라 할 수 있는 '테네시 강 유역 개발 공사' 같은

대규모 토목 공사는 이미 후버 댐 건설에서 시작되었다고 볼 수 있어. 이 댐은 어마어마한 크기와 규모를 자랑하는, 당시 세계 최대 규모의 전기 설비이자 가장 큰 콘크리트 건축물이었어. 당시에는 볼더 댐이라는 이름으로 불리다가 1947년에 후버 대통령을 기념해 이름을 바꾼 걸 보면, 그래도 훗날 미국인들이 후버의 공을 어느 정도는 인정했다고 생각돼. 어쨌든 이 댐은 그렇게 힘든 시기에 어떻게 이런 대공사를 했을까 싶을 정도로 규모가 크단다. 1931년 공사를 시작해서 1936년에 끝이 났는데, 이 댐이 지어지면서 세계에서 가장 큰 인공 호수 중 하나인 미드 호가 만들어졌지. 이 댐의 수자원을 사용할 수 있게 되면서 로스앤젤레스와 라스베이거스 건설이 이루어지게 돼. 그 결과로 동부에 비해 엄청나게 낙후돼 있던 미국 서부 지역이 발전하게 되었지.

흔히들 1932년 루스벨트가 대통령으로 당선되고 나서 뉴딜 정책을 펼치면서 미국의 경기가 되살아난 것으로 알고 있지만, 이에 대한 이견도 만만찮아. 사실 미국을 확실하게 회복시킨 계기는 제2차 세계 대전이라고 보아야 한다는 견해도 많거든. 제2차 세계 대전은 크나큰 비극이었지만, 전쟁으로 인해 대규모의 '전쟁 수요'가 발생했고 그것을 미국이 공급하면서 미국 경제가 완전히 회복되었다는 논리야.[*]

사람들이 차고마다 자동차를, 냄비마다 닭 한 마리씩을 가질 수 있는 부유한 나라를 꿈꿨던 후버 대통령의 소망은 대공황의 철퇴를

• 김상훈 『통아메리카사』, 다산에듀 2011, 232~33면.

맞아 물거품이 되었어. 그런데 훗날 제2차 세계 대전이 일어나면서 군수 산업의 호황으로 그 꿈이 이루어지게 되었다니, 역사에는 우연도 많이 작용하는 것 같아.

앞으로는 식탁에서 닭고기를 보더라도 예사로 보이지 않겠지? 닭과 연관된 역사 속의 지도자들을 떠올리면서 얘기 나누다 보니 시간 가는 줄 모르겠구나. 어머, 그새 닭 한 마리가 뚝딱 없어졌네!

옥수수

미국을 방문한
흐루쇼프

엄마는 지금 식탁 한구석에 놓여 있는 콘플레이크 상자를 바라보고 있어. 옥수수를 납작하게 눌러서 구워 낸 것 말이야. 바쁜 아침이나 출출할 때 우유만 있으면 간단하게 허기를 달랠 수 있는 유용한 먹을거리잖아. 옥수수로 만든 먹을거리는 콘플레이크 말고도 영화관 가서 꼭 먹게 되는 팝콘도 있고 햄버거랑 같이 먹는 콘샐러드도 있지. 주로 가벼운 간식이나 간편식들이 먼저 떠오르는 것 같아. 그런데 사실 옥수수는 쌀, 밀과 더불어 세계 3대 주곡으로 꼽힐 만큼 생산량도 많고 영향력도 큰 곡물이야. 유럽에서는 사료로 많이 쓰이고 아프리카와 아시아 지역에서는 식용으로도 많이 소비돼. 그런데 요즘 옥수수 값이 갑자기 오르고 우리의 일상에 미치는 파장이 점점 커지고 있다는데, 왜 그런 걸까?

먹기 위해 키우는 옥수수가 아니다?

몇 년 전부터 옥수수 가격이 올라 세계가 긴장하고 있다는 기사를 간간이 보게 돼. '우리가 옥수수를 주식으로 먹는 남미 사람들도 아닌데, 옥수수 값 오르는 게 뭐 그리 대수겠어? 비싸면 안 먹으면 되지.' 이렇게 생각할 수도 있겠지만, 천만의 말씀이야. 현대인들이 옥수수를 소비하는 방식은 정말 다양하거든. 옥수수로 만든 식용유도 있고, 액상 과당이라고 해서 요리할 때 물엿처럼 사용하는 감미료도 옥수수로 만들어지니까. 그러니 우리가 멸치 볶음이나 연근 조림 같은 반찬을 먹을 때도 옥수수를 조금씩 먹는 셈이지. 게다가 액상 과당은 설탕보다 싸면서도 단맛이 강해서 청량 음료의 원료로도 많이 사용되기 때문에 콜라나 사이다를 마실 때 역시 옥수수를 먹는 셈이야.

그런데 의외로 요즘 옥수수가 우리 생활에 파장을 일으키는 것은 다른 분야에서야. 천연자원인 석유가 나는 나라는 서아시아 지역을 비롯한 몇몇뿐이기 때문에 이들이 가격을 담합하거나 그 지역에 전쟁이 일어나서 정치적으로 불안해진다든가 하면 원유 가격이 크게 오르게 돼. 이런 불안 요소가 없더라도 석유의 매장량은 한정돼 있기 때문에 수요 대비 공급은 갈수록 줄어들 수밖에 없기도 하고.

그래서 이런 에너지 문제에 대한 대책으로 각 나라들은 대체 연료 개발에 박차를 가해 왔어. 그러한 노력들이 최근 결실을 맺어 몇 년 전부터 바이오 연료가 석유를 대체해 나가고 있지. 그런데 이 바이오 연료는 무엇으로 만들까? 맞아, 주로 옥수수가 쓰여. 그러니까 유가가 오르면 석유를 대신하는 바이오 연료의 수요가 늘고, 그 수요를 맞추느라 원료인 옥수수 가격이 치솟게 되는 거야. 그런데 옥수수는 동물 사료로도 쓰인다고 했으니, 옥수수 가격 상승은 축산 농가의 부담으로 작용하게 돼. 옥수수 값 상승이 돼지고기 가격까지 오르게 만드는 셈이지. 이렇게 옥수수는 세계 경제에 큰 파장을 일으키고 있어. 요즘 중국에서 돼지고기 가격이 치솟은 이유도 옥수수 가격 상승 때문이었다잖아? 그리고 많은 수의 돼지를 먹이기 위해 중국이 전 세계의 옥수수를 어마어마하게 사들이는 바람에, 값싼 곡물 옥수수를 식량으로 삼던 가난한 나라 사람들은 더 심한 굶주림에 시달리게 되었지. 옥수수 하나가 세계 곳곳을 휘젓고 있는 셈이야.

굽고 건조시켜 가루로 만드는 맛있는 곡물

옥수수는 원래 멕시코가 원산지야. 옥수수의 조상이라고 할 야생종이 멕시코에서 자랐고, 남아메리카와 북아메리카에서 널리 재배됐거든. 그 밖에 중국과 인도네시아의 수마트라, 그리고 인도에서도 옥수수는 자라고 있었지. 이집트의 피라미드 안에도 옥수수가 보관되어 있었다는구나. 하지만 유럽에 소개된 것은 콜럼버스의 탐험 이후야. 콜럼버스 일행이 남긴 기록 중에서 1492년 11월 5일자에 "쿠바에서 우연하게도 원주민들이 굽고 건조시켜 가루로 만드는 맛있는 곡물 마이스(mais)를 보았다."는 말이 있어. 이때 마이스가 바로 오늘날의 옥수수를 의미해. 하지만 당시에는 그다지 주목받지 못했다고 해. 콜럼버스는 이탈리아어를 사용했는데, 이탈리아 말로 옥수수는 '그란투르코(granturco)'라 불렀어. 그게 뭐냐고? '커다란 튀르크', 즉 커다란 터키라는 뜻이야. 그 무렵 유럽 사람들은 이국적으로 보이는 것들을 일컬어서 튀르크라고 불렀거든. 그들의 눈에 옥수수는 어마어마하게 낯설고 이국적이었던 모양이야. 그런데 처음에는 신세계에서 온 진기한 물품 정도로 여겼을 뿐이고 식생활에 실제로 변화를 일으킬 만큼의 영향력은 없었어. 그러다 훗날 터키의 발칸 지역을 거쳐서 유럽에 널리 퍼지게 되었대.

지금부터 대략 400년 전인 1620년, 아메리카 신대륙에 첫발을 내디딘 메이플라워호의 선원들이 매사추세츠 주의 플리머스에서

추수 감사절을 보낼 때 처음 팝콘을 맛보게 되었다는 기록이 있어. 그해 할로윈 축제 때는 아메리카 원주민 마사소이드 족의 추장인 콰데쿠이나가 선물로 튀긴 옥수수를 사슴 가죽 가방에 담아 왔고, 이듬해 봄에 영국에서 온 이주민들은 마사소이드 족에게서 옥수수 재배 방법을 배우게 되었다고 하지. 이렇게 따지면 팝콘은 미국에서 가장 오래된 음식 중 하나야. 팝콘은 아메리카 원주민의 주식이었을 뿐 아니라 머리 장식, 목걸이로도 쓰였고 허리나 어깨에 다는 코르사주로 사용되기도 했대. 영국에서 건너온 이민자들은 이 튀긴 옥수수에 설탕과 우유를 더 넣어서 새로운 음식인 콘플레이크를 만들었지.

흐루쇼프의 미국 방문과 옥수수

자, 옥수수의 유래도 알았으니 다음은 옥수수와 관련된 인물을 살펴볼 차례야. 오른쪽 사진을 보렴. 1959년 미국의 유명한 잡지인 『라이프』의 표지야. 옥수수를 들어 보이며 환히 웃는 이 사람의 이름은? 니키타 흐루쇼프(Nikita Khrushchyov)란다. 예전에는 흐루시초프라고 부르기도 했던 이 이름을 혹시 들어 봤는지 모르겠다. 아마 얼굴은 처음 보는 사람이 많을 것 같은데, 어때?

누군지 잘 모르겠다면 사진으로 미루어 짐작해 보자. 어떤 인물일 것 같아? 응? 가난한 나라 사람인데 옥수수 개발에 성공해서 기뻐하는 게 아니냐고? 하하하, 그렇게 생각할 수도 있겠구나. 이름을 들

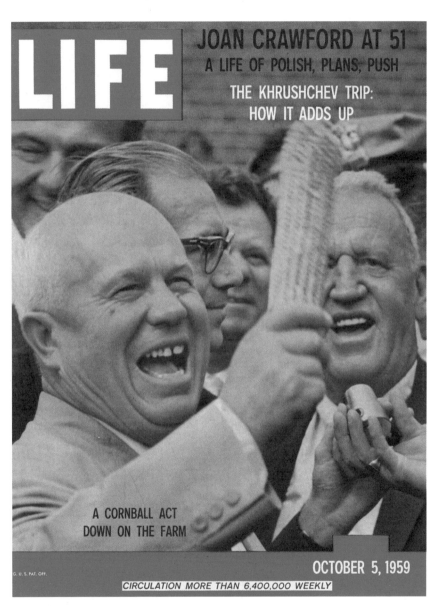

1959년 10월 『라이프』 1면에 실린 흐루쇼프의 모습.

어 봤다면 이 사람이 당대 소련의 최고 지도자였던 것도 알고 있어? 맞아, 이 사람은 미국과 소련 사이의 긴장이 고조되던 냉전 시대를 이끈 정치가 중 하나야. 이 사진에서는 함박웃음을 짓고 있어서 꽤나 순박해 보이지?

1959년, 니키타 흐루쇼프는 미국 아이젠하워 대통령의 초대를 받아들임으로써 미국을 방문한 첫 번째 소련 지도자가 되었지. 그는 미국을 방문하는 동안에 아이오와 농장의 옥수수를 대량 수입하기로 결정했어. 왜 하필 옥수수였느냐고? 옥수수가 다른 곡물에 비해 가격 대비 포만감이 크거든. 쉽게 말해서 싼값에 배불리 먹을 수 있는 곡물이라는 뜻이지.

그런데 잠깐 이런 의문도 들 것 같아. 옥수수가 다른 곡물에 비해 왜 쌀까? 그건 옥수수의 생산 비율이 높기 때문이야. 한 알의 씨앗을 심었을 때 몇 알의 알곡을 수확할 수 있는가 하는 것을 나타내는 게 바로 생산 비율인데, 옥수수는 다른 곡물보다 생산 비율이 월등히 높거든. 예를 들어 18세기 동유럽에 자리한 판노니아 지방의 생산 비율 기록을 보면, 호밀이 6:1인 데 비해 옥수수는 자그마치 80:1에 이를 정도였어.[*] 지금은 그때보다 품종 개량이 되었으니까 더 높은 생산 비율을 자랑하지. 그래서 오늘날에도 옥수수는 빈민국의 기아 퇴치에 유용하게 쓰이고 있단다. '옥수수 박사'로 불리던 김순권 교수도 나이지리아에서 17년 동안이나 옥수수 종자를 개발하고 재배

● 주경철 『문화로 읽는 세계사』 298면.

법을 전파해서 존경받았다고 하잖아. 나이지리아 사람들은 '가난한 자들을 배불리 먹인 사람'이라는 뜻으로 그를 '마이애군'이라고 부르고 마을의 명예 추장으로 추대하기도 했대.

흐루쇼프 얘기로 돌아가자면, 그가 옥수수를 들어 보이며 즐거워하는 모습 역시 소련의 가난한 자들을 배불리 먹일 생각에 기분이 좋아진 것처럼 보이기도 해. 공산주의와 생활 수준에 대해 흐루쇼프는 이런 견해를 밝힌 적이 있어.

"우리는 국민들을 잘 먹고 잘 입고 잘살게 도와야만 합니다. 마르크스 이론을 수프나 옷에 넣을 수는 없습니다. (…) 40년 동안이나 공산주의를 실시했는데 어떤 사람이 한 잔의 우유나 한 켤레의 구두조차 가질 수 없다면, 사람들이 그에게 어떻게 말하든 간에 그 사람은 공산주의가 좋은 것이라고 믿지 않을 것입니다."•

그래서일까? 그는 아이오와 농부들과 옥수수 재배법에 관해 대화를 나누고, 피츠버그의 제련소에 갔을 때도 공장 노동자들과 많은 대화를 나누었대. 자국민을 잘살게 하려고 애를 많이 썼던 것 같아.

어쨌거나 흐루쇼프의 미국 방문은 크게 성공했어. 양국 간 긴장이 완화되고 화해 분위기가 형성되었지. 공개적으로 그가 화를 낸 몇몇 순간들도 있었지만 말이야. 응? 왜 화를 냈느냐고? 흐루쇼프는 감정을 거르지 않고 거침없이 표출하는 편이었다고 해. 좀 우스꽝스러운

• Fiona Macdonald & Richard Staton, *The Cold War*, Zondervan 2000, 18면에서 재인용.

1959년 미국을 방문한 흐루쇼프.
그는 자국의 축산업과 농업 발전에 많은 노력을 기울인 지도자였다.

경우도 있었는데, 예를 들자면 이런 거였어.

미국 측에서 흐루쇼프에게 어디에 가 보고 싶은지를 물어봤대. 초
대 손님 접대를 위해 흔히들 하는 질문이지. 그가 꼽은 곳은 바로 디
즈니랜드였어. 미키마우스와 신데렐라의 성이 있는 그 놀이공원 말
이야. 그냥 한번 해 본 말이 아니었단다. 디즈니랜드는 그가 방문하
기 불과 몇 년 전인 1955년에 개장한 터라, 흐루쇼프는 그곳에 정말
가 보고 싶었던 거야. 그런데 미국 측에서는 안전을 이유로 디즈니
랜드 방문은 힘들겠다고 했대. 그러자 그는 불같이 화를 냈지. 불만
에 찬 흐루쇼프가 물었어.

"안전 때문이라니? 거기에 콜레라 같은 전염병이라도 있소? 거기에 로켓 발사대라도 갖추고 있소? 아니면 그곳을 폭도들이 장악하기라도 했단 말이오?"

흐루쇼프는 이렇듯 상당히 다혈질이어서, 피터 칼슨이라는 작가는 당시의 일화를 모은 책에 '노발대발 흐루쇼프(K Blows Top)'라는 재미난 제목을 붙여 출간하기도 했어.

흐루쇼프 이전의 지도자가 이오시프 스탈린(Iosif Stalin)이잖아. 스탈린이라는 이름은 러시아어로 '강철'이라는 뜻의 '스탈'에서 따 왔대. 강철로 된 심장을 가져서였을까? 스탈린은 무자비하고 냉혹했단다. 당시에는 피비린내 나는 처형과 숙청이 빈번했지. 그가 죽고 흐루쇼프가 집권한 후, 1956년 제20차 소련 당 대회에서 흐루쇼프는 스탈린을 공개적으로 비판해. 스탈린 생전에는 있을 수 없는 일이었지.

흐루쇼프가 장장 네 시간에 걸쳐 스탈린을 비판하는 발언을 하자 세상은 깜짝 놀랐어. 전당 대회에 참석했던 대의원들 가운데는 충격으로 쓰러지는 사람들이 나올 정도였지. 이런 흐루쇼프의 발언을 자유의 조짐으로 보고 제일 먼저 반응한 나라는 폴란드야. 이런 분위기에 힘입어 반스탈린주의자인 고무우카(W. Gomułka)라는 사람이 1956년 정권을 잡았거든. 이에 고무된 헝가리 역시 자국의 독립과 자유를 외치며 혁명을 일으켰지.

게다가 헝가리는 바르샤바 조약 기구라 불리는 공산 진영의 군사 동맹에서도 탈퇴하겠다고 했어. 이러다가는 다른 나라들도 하나둘

씩 탈퇴하게 될 것이고, 그러면 미국을 중심으로 한 북대서양 조약 기구(NATO)에 맞설 세력이 없어질까 두려워 소련은 헝가리의 봉기를 탱크로 진압했지.

당시만 해도 흐루쇼프의 권력은 절대적이지 않았어. 그의 정치적 라이벌로는 몰로토프, 멜렌코프 같은 사람들이 있었는데 그들은 스탈린의 추종자들로 흐루쇼프보다 더 강력한 무력 진압을 주장했을 사람들이거든. 그들 의견에 반대했다가는 흐루쇼프는 권력을 잃었을 테고, 그러면 자유를 원하는 동유럽 국가들은 더 심하게 탄압받았을 것 같아. 당시 상황을 고려해 보면 아무래도 캄캄한 밤에서 갑자기 대낮이 되기는 쉽지 않았을 거야. 어둠과 빛이 싸우는 여명의 단계쯤이었다고 할까.

흐루쇼프 시대에 있었던 또 다른 비극으로는 베를린 장벽이 세워진 일이 있는데, 이것 역시 조금만 자세히 보면 소련이 미국에 실망하고 배신감을 느끼면서 나타났으리라는 짐작이 들어. 흐루쇼프가 처음부터 미국을 적으로만 본 것은 아니었어. 그가 미국을 방문했을 때는 얼마간 호의가 있었거든.

흐루쇼프가 1959년 미국을 방문할 때만 해도 그가 말했던 '평화적 공존'이 정말로 가능해 보였지. 미국을 떠나기 전에 텔레비전으로 미국 국민들에게 고별 연설을 하는 자리에서 그는 "안녕하세요, 미국 친구들.(Good evening, American friends.)" 하고 영어로 첫인사를 시작했어. 그런 다음에 러시아어로 말하기를, "여러분의 아름다운 도시들과 길들, 무엇보다도 친근하고 마음 따뜻한 국민 여러분들이 좋았습니다."라고 말했어. 그러고 나서 맨 마지막에는 다시 영어로 "행운을 빌어요, 미국 친구들.(Good luck, American friends.)"이라고 인사를 했어. 미국인에 대한 우호적인 감정을 고스란히 드러낸 것이었지.

흐루쇼프는 스탈린이라는 독재자 밑에서 살얼음판을 딛는 듯한 정치 생활을 견뎌 낸 경험이 있었어. 스탈린이 죽은 뒤, 1956년에 권력을 잡은 흐루쇼프는 스탈린 시대의 정책들을 신랄하게 비판하고 공장과 사업체, 학교에서 스탈린의 사진을 없앴지. 스탈린 격하 운동을 벌인 거야. 그때까지 강제 노동 수용소에서 근근이 살아오던 사람들도 다시 소련 사회에 등장하기 시작했고. 서구와의 관계에서도 새로운 정책인 '평화 공존'을 천명했지. 미국과 소련은 더 많은 제품들을 생산해 내고 더 나은 삶의 질을 그들의 국민들에게 제공하기 위해 평화적으로 경쟁하자고 촉구했어. 과학과 기술의 발전을 이루고 개발 도상국들에 더 많은 원조를 하자고 주장하기도 했고.

미소 관계를 얼어붙게 만든 한 대의 비행기

미국 방문 후 그는 좀 더 열린 마음으로 서방 세계와 소통하려고 했어. 이후 파리에서 아이젠하워와 정상 회담을 다시 열자는 말도 오갔지. 그러나 이 회담은 성사되기 직전에 무산되고 말아. 흐루쇼프의 미국 방문으로 인해 화기애애한 분위기가 조성되었던 미국과 소련 사이에 갑작스레 싸늘한 기운이 흐른 이유는 뭐였을까?

그건 바로 회담 직전에 공교롭게도 미국의 U-2 정찰 비행기가 소런 땅에 추락했기 때문이야. 냉전 시대에는 미국과 소련 모두 스파이 작전을 많이 벌였거든. 007 같은 첩보 영화가 괜히 나온 게 아니란다. 문제는 시기였어. 미국과 소련이 화해 분위기 속에서 정상 회담을 열려는 때에 소련의 영토 위로 미국의 정찰 비행기가 추락했으니, 흐루쇼프로서는 미국의 의도와 속내를 의심할 수밖에 없었지.

흐루쇼프는 격분해서 그 사건에 대해 아이젠하워 대통령의 사과를 요구했어. 그런데 당황한 아이젠하워는 이를 거절했어. 아마도 비행사가 추락사했을 테니 미국 정부와는 상관없는 일이라고 주장하고 어떻게든 사건을 무마할 셈이었던가 봐. 그런데 불행인지 다행인지 파워스라는 이름의 그 비행사는 멀쩡히 살아남아 자신이 미국 정부에서 보낸 정찰 요원이라고 시인해 버린 거야. 이미 회담을 위해 파리에 가 있었던 흐루쇼프는 회담 날까지 기다리지도 않고 곧장 소련으로 돌아가 버렸어. 그러고 나서 한동안은 미국과 소련의 관계

당시 추락한 U-2 정찰기의 잔해.

가 예전보다 더 냉랭해졌단다. 얼마 후 베를린 장벽이 세워지기도
했고.

흐루쇼프의 실책과 공로

흐루쇼프는 냉철한 지략가 스타일과는 거리가 멀었어. 앞에서도
말한 것처럼 욱하는 성격이었지. 유엔 정기 총회에서 주먹을 불끈
쥐고 탁자를 내리치거나 발을 구르거나 해서 그는 서방 세계로부터
필요 이상의 욕을 먹었고 오해도 많이 받았어. '저런 사람이라면 다
음번에는 핵무기를 사용하고도 남을 것이다!' 하는 식으로 말이야.
하지만 30년이 지난 뒤 그의 아들인 세르게이 흐루쇼프의 말에 따르
면 당시 흐루쇼프는 그러려는 뜻이 전혀 없었고, 오히려 서방 사람
들이 열정적인 정치 논쟁을 좋아한다는 얘기를 듣고 해 본 제스처였
을 거라고 해. 그런 의도였다면 실패한 셈이긴 하지만 말이야.

실패 얘기가 나왔으니 말인데, 그의 대표적인 실책으로 꼽히는 것
에 황무지 개간 사업이 있어. 방치되어 있던 땅을 개간해서 농작물
의 생산량을 늘리려는 야심 찬 사업이었지. 9000만 에이커에 이르
는 방대한 땅을 개간하는 이 사업의 결과는? 안타깝게도 실패였어.
황무지가 된 데는 다 나름의 이유가 있었던 모양인지, 토질이며 기
후가 농사에 맞지 않다는 것을 몇 년이나 돈과 노력을 쏟아부은 다
음에야 깨닫게 되었던 거야. 소련의 식량 부족은 스탈린 시대부터 이
어진 고질적인 문제였지. 스탈린이 사망한 1953년에 비해서 1958년

에는 50퍼센트 정도 수확을 더 올렸지만, 그 이후로는 효과를 보지 못해. 주된 이유는 작물을 수확하기 어려운 기후 탓이라는 분석도 있었지. 사이비 과학자의 의견을 믿은 탓이라고도 하고.

하지만 흐루쇼프의 공로도 많았단다. 그는 우선 온건한 정책을 폈어. 그것은 그의 후임인 레오니트 브레주네프(Leonid Brezhnev)의 성향에서 미루어 짐작할 수 있단다. 훗날 브레주네프는 흐루쇼프의 통제가 느슨했다고 느껴서 소련 주위의 위성 국가들을 굉장히 강압적인 방식으로 통제하기로 결심했거든. 게다가 변화에 반대하는 강경 노선의 입장에 서서 언론의 자유에 반대했어. 그런 데다 브레주네프는 반대파를 다루는 최선의 방법은 무력 사용이라고 믿는 거친 장군들에게 둘러싸여 있었지.

사실 흐루쇼프는 모든 면에서 미국을 따라잡고 미국을 앞지르자는 생각에 다양한 분야에서 의욕적이고 저돌적인 모습을 보였어. 그의 집권기에 우주 비행사 유리 가가린이 인류 최초로 지구의 궤도를 도는 데 성공했지. 1954년부터 시작된 농업 개혁 덕분에 집단 농장을 경작하는 농민들은 세금이 줄어들었어. 생활 수준도 전쟁 전 수준으로까지 회복되었고, 생필품도 대량 생산되었으며, 고등 교육의 질도 높아졌다고 해. 과학 분야에서 노벨상 수상자들을 여럿 배출하기도 했고. 그는 소련의 빛나는 시절을 만든 지도자이자 인류의 평화를 위해 고민한 사람이기도 했어. 쿠바 미사일 사태 이후인 1963년 8월에 미국과의 직통 전화를 설치한 것도 그래서였어. 미소 양국이 서로 사소한 오해를 큰 위협으로 여겨 우발적으로 전쟁을 일으킬 수 있는 상황을 방지하기 위해 미소 정상 간의 소통 창구를 연 거지.

흐루쇼프와 쿠바 미사일 위기

흐루쇼프라는 이름이 가장 많이 나오는 역사적인 사건은 아마 쿠바 미사일 위기일 거야. 간단히만 얘기해 줄게.

미국 플로리다 반도 아래쪽에 쿠바라는 작은 섬나라가 있는데, 혁명에 성공한 피델 카스트로(Fidel Castro)가 '사회주의 국가 건설'을 내세웠고 그 때문에 미국과 관계가 나빴단다. 미국의 케네디 정권은 카스트로를 제거하기 위해 쿠바의 피그스 만을 공격하기도 했어. 실패로 돌아가긴 했지만, 카스트로 입장에서는 자신과 국가의 안전에 위협을 느꼈지. 그래서 그는 소련의 흐루쇼프에게 도움을 요청했어. 요청을 받은 흐루쇼프는 쿠바에 미사일 기지를 설치하자는 아이디어를 떠올렸고 곧 실행에 옮겼어.

그런데 쿠바에 미사일 기지가 한창 만들어지던 중 미국이 그 사실을 알아챈 거야. 어떻게 알았을까? 바로 U-2 정찰기 덕분이었지. 정찰기가 찍어 보낸 사진을 현상하니 플로리다 반도에서 엎어지면 코 닿을 거리인 쿠바에 미사일 기지가 세워지고 있었던 거야. 얼마나 놀랐겠어? 그렇다고 흐루쇼프를 전쟁광처럼 생각할 이유는 없다고 봐. 앞에서도 밝혔듯 미국은 흐루쇼프에게 일관성 있는 모습을 보여 주지 않았고, 미사일 기지를 먼저 설치한 것도 사실 미국이었거든.

옥수수

1961년 빈에서 케네디를 만난 흐루쇼프.

쿠바 미사일 위기 당시의 시위. "쿠바에서 손을 떼라."는 피켓이 보인다.

미국은 이미 터키에 소련을 위협하는 미사일 기지를 갖추어 놓은 상태였어. 미국인들이 플로리다 반도 코앞에 있는 쿠바 섬에 미사일 기지가 세워지고 있다는 사실에 경악했다면, 소련의 입장에서는 코앞에 있는 터키에 미국의 미사일이 도사리고 있는 데 대한 공포심과 반감이 있었겠지? 미국의 잘못은 언급하지 않고 소련만 탓한다면 그건 공정한 시각이 아닐 거야.

케네디 대통령은 방송으로 쿠바 미사일 기지 건설을 중단하지 않으면 소련과 전쟁도 불사하겠다는 의지를 밝혔어. 세계는 그 며칠 동안 핵전쟁의 공포에 떨었지. 당대 최고의 강대국 소련과 미국이 전쟁을 하게 되면 세계는 엄청난 위험에 놓이게 될 테니까 말이야. 며칠째 긴장이 흐르던 어느 순간, 쿠바를 향해 가던 소련의 배가 방향을 돌렸어. 흐루쇼프가 미사일 기지 건설을 중단하겠다고 발표했기 때문이야. 터키에 있는 미국의 미사일 기지를 없애는 조건으로 쿠바에 있는 소련의 미사일 기지 건설을 중단하겠다고 한 것이지.

한동안 '쿠바 미사일 기지 사건'은 케네디의 승리처럼 알려졌어. 그 사건 얼마 전에 있었던 피그스 만 공격 실패로 입지가 좁아졌던 케네디가 고개를 꼿꼿이 들 수 있을 정도로 말이야. 첨예한 갈등과 긴장의 순간에도 침착하고 단호한 결단력을 보였다며 그의 외교적 능력이 높게 평가받았지. 그리고 흐루쇼프는 이 사건에서 실패한 결과 물러나게 된 것으로 알려지곤 했어. 하지만 사실 쿠바 미사일 기지 사건은 미국과 소련이 공동으로 노력한 결과이거나 아니면 오히려 흐루쇼프의 의지와 판단력이 더 크게 작용한 것으로 보여. 그토록 미국의 양면성에 신물을 내면서도 흐루쇼프는 '전 세계인을 핵의 위험으로부터 구해야 한다.'는 생각을 깊이 했고, 미소 양국 간의 타협점을 찾기 위해 노력했거든.

최근에 나온 책들을 보면 그러한 사실들과 경과가 어느 한쪽으로 치우치지 않고 소개되어 있어.[*] 그중에는 케네디 대통령과 흐루쇼프가 주고받은 편지들도 있고 주변인들의 목격담도 함께 실려 있어서 이 사건을 좀 더 입체적으로 볼 수 있지. 케네디가 흐루쇼프를 향해 칼을 갈 때, 흐루쇼프는 오히려 미 군부 지도자들에 의해 케네디가 위험에 처할까 염려하기까지 한 것으로 드러난 사실[**]이 참 흥미롭더구나.

돌이켜 볼 때, 동유럽 자유화에 가장 큰 영향을 끼친 러시아의 지도자를 꼽자면 그 첫 번째 인물은 물론 미하일 고르바초프(Mikhail Gorbachyov) 서기장이 될 거야. 하지만 엄마는 그런 인물이 등장할 수 있는 바탕을 마련한 사람으로 흐루쇼프를 꼽고 싶어. 스탈린이라는 독재자 아래서 순박한 표정과 태도로 숨죽여 지내며 숙청에서 비껴날 수 있었던 흐루쇼프는 스탈린 사후에 그간 숨겨 온 자기 목소리를 내고 자신의 신념대로 행동했던 거야. 스탈린 격하 운동을 벌이고, 평화적 공존을 내걸고 미국을 방문하고, 국민들의 먹고사는 문제에 관심을 쏟고, 전에 비해 언론에 많은 자유를 허

● 프레드리크 스탠턴 『위대한 협상』, 김춘수 옮김, 말글빛냄 2011.
●● 베른트 잉그마르 구트베를레트 『역사의 오류』, 이지영 옮김, 열음사 2008, 307면.

용하는 등 다양한 정책을 실현시켰지. 이런 그의 정책 기조가 훗날 미하일 고르바초프라는 또 하나의 인물이 등장하는 발판을 만들지 않았나 싶어. 냉전의 종식과 세계 평화를 언급할 때 흐루쇼프를 빼놓을 수 없는 이유가, 옥수수를 들고 웃고 있는 저 한 장의 사진 속에 모두 담겨 있는 것만 같구나.

바나나

유나이티드 프루트 사와
바나나 공화국의 수난

banana

　엄마는 바나나를 보노라면 정말 세월을 실감하게 돼. 바나나가 어쩌다 이렇게 흔하고 만만한 음식이 되었나 싶어서. 너희는 상상이 안 될지도 모르지만 엄마가 어렸을 땐 바나나가 정말 귀했어. 과일 가게에서 지금처럼 무더기로 쌓아 놓고 팔지도 않았지. 하나 아니면 두 개씩 낱개로 잘라 샀거든. 소풍날이나 운동회 때나 겨우 먹을까 말까 했어. 그 노란 빛깔과 약간 휘어진 기다란 모양새가 어찌나 이국적으로 느껴졌는지. 껍질을 까서 한 입 베어 물면 정말 달콤해서 신기했지. 먹으면서도 줄어드는 걸 아까워했던 기억이 나. 그런데 어느 순간 수입 자유화가 되더니 값이 굉장히 싸졌어. 출출할 때 그냥 먹기도 하고 아침으로 시리얼에 넣어 먹기도 하고, 냉장고에 얼려 먹을 정도로 흔해진 거야. 그런데 사실 바나나를 둘러싼 환경이나 그것으로 인한 역사는 정겹다기보다 우울하고 끔찍한 것들이 많단다. 들어 볼래?

바나나, 대표적인 환경 오염 작물

우리가 아는 바나나는 먹음직하고 탐스러운 과일이지만 동시에 대표적인 오염 작물로 알려져 있어. 왜 그럴까? 먹고 나서 껍질을 아무 데나 버려서? 아니란다. 살충제나 제초제 따위를 많이 사용해서야. 사실 바나나를 생산하는 제3세계의 농장들은 대부분 대형 다국적 기업 소유거든. 돌(Dole), 델몬트(Delmont), 치키타(Chiquita) 같은 브랜드를 본 적 있을 거야. 이 회사들이 바나나를 재배하고 후가공하는 작업이 환경에 치명적인 영향을 미치는 거란다. 살충제, 제초제, 윤기를 내는 왁스 등이 그 원흉이라 할 수 있지.

바나나와 관련된 일을 하는 노동자들 가운데 남자들은 주로 농장에서 일하고 여자들은 대부분 바나나를 포장하는 일을 한다는데, 너무 심하게 농약을 뿌려 대는 게 문제래. 농장의 규모가 우리의 상상을 초월할 정도로 넓기 때문에 경비행기로 살충제를 뿌리거든. 보통 닷새마다 한 번씩 살충제를 뿌리니까, 1년이면 60일이나 살포를 하는 셈이야. 그렇다고 살포한 날만 영향이 있고 다른 날은 괜찮으냐면 그것도 아니잖아. 공기 중에 떠돌기도 하고 바나나 잎과 열매, 땅에 온통 살충제가 묻어 있으니 1년 365일 살충제가 가득한 곳에서 일하는 셈이지. 독성 물질에 노출된 채 일하니까 피부병이 나기도 하고 심한 경우에는 불임이 되기도 한다는 거야.

2007년 미국 로스앤젤레스 법정의 배심원은 돌 사에서 일했던 니카라과 농업 노동자 6명이 DBCP라는 살충제 때문에 생식 능력을 상실했다고 주장한 것에 대해 돌 사에 44억 원을 배상하라는 판결을 내렸대. 니카라과 법정에서도 역시 돌 사와 다른 기업체들에게 DBCP 살충제 때문에 피해 입은 것으로 보이는 노동자들에게 8400억 원을 지급하라는 판결을 내렸다고 하고.* 살충제의 독성이 법정에서도 인정된 거야.

그렇다면 포장 부서에서 일하면 안전할까? 그렇지도 않대. 온종일 바나나를 물에 헹구고 크기대로 나눈 뒤에 포장하는 과정에서 살충제에 노출될 수밖에 없어서 손톱에 염증이 생기고 짓무르고, 심하면 피부암까지 걸린다는 거야. 비염, 안질, 위암 등등 온갖 질병에 시달리고 있지만 다국적 기업을 상대로 불만을 말했다가는 일터에서 쫓겨날 테고, 그러면 딸린 식구를 먹여 살릴 방도가 없기 때문에 아무 소리도 하지 못하고 그 열악한 환경에서 계속 일을 한다고 해.

이렇게 살충제가 우리 몸에 해롭다면 아예 안 뿌리거나 확 줄이면 안 될까? 그런데 문제는 바나나가 굉장히 상하기 쉬운 과일이라는

• 아담 리스 골너 『과일 사냥꾼』, 김선영 옮김, 살림출판사 2010, 292면.

바나나 농장에서 경비행기가 화학 약품을 뿌리고 있다.

데 있어. 원래 바나나의 종류는 천여 가지에 이를 정도로 다양했는데, 병충해를 입어 큰 손실을 겪은 뒤, 단단해서 장거리 수송에 용이하고 병충해에도 강한 '캐번디시(cavendish)'라는 한 가지 종류만 기르게 되었대. 그럴 정도이니 바나나에 얼마나 많은 살충제를 뿌리겠어. 벌레가 생기거나 상한 바나나는 상품 가치가 현저히 떨어지니까.

언젠가 역사책을 읽다가 이런 내용을 본 적이 있어. 두 번의 세계대전을 치르는 동안 전쟁에 쓰이는 화학 무기를 개발하던 공장들이

• 정준호 『기생충, 우리들의 오래된 동반자』, 후마니타스 2011, 196~200면.

여성 노동자들이 바나나를 세척하고 분류하는 모습.

전쟁이 끝나고 더 이상 할 일이 없어지자 업종을 바꾸었다고 해. 살충제나 제초제, 과일을 오래도록 보존하는 약품 등을 개발하는 일을 하기 시작한 거야. 물론 독성을 적정 수준으로 유지하면 문제가 없을 수도 있지만, 한때 화학 무기를 만들던 공장에서 먹을거리와 관련된 일을 하다니 어쩐지 꺼림칙하지 않니?

게다가 우리로서는 수입산 바나나가 대부분이라 '푸드 마일리지'[•]가 크기 때문에 바나나를 먹을 때는 더 조심해야 해. 아직 초록색일 때 바나나 다발을 따서 성장 억제 농약을 풀어 놓은 물에 담갔다가 건조해서 수출하는 경우가 많거든. 그런데 그 농약 성분이 기형아 출산의 원인이 된다고 해. 그리고 우리나라에 수입된 다음에는 먹음직한 노란색이어야 잘 팔리니까 빨리 익으라고 '카바이트'나 '에

• 푸드 마일리지란 농산물이 생산지에서부터 우리 식탁에 이르기까지의 거리를 말한다. 푸드 마일리지가 적을수록 이동 거리가 짧아 식품이 신선하고 안전할 확률이 높다.

틸렌' 같은 화학물질을 이용해 인공적으로 익힌다는 거야. 원래 바나나라는 자연물 자체야 나쁠 게 없지만, 이렇게 인공적인 과정들을 거치는 동안 인체에 해로운 영향을 끼치게 되는 건 아닌지 걱정이야.

얘기가 나온 김에 바나나의 노랗고 예쁜 밝은 빛깔의 이면에 있는 어두운 역사와 현실을 좀 더 짚어 볼까 해. 진지한 얘기가 될 테니까 잘 들어 줘.

네루다, 유나이티드 프루트 사를 시로 비판하다

엄마는 필리핀의 국제 학교에서 일 년 동안 문학을 가르친 적이 있어. 그때 남미의 전설적인 시인 파블로 네루다(Pablo Neruda)의 시를 그곳 11학년 학생들과 함께 공부했단다. 그중 한 편이 「유나이티드 프루트 사(United Fruit Company)」였어. 처음 그 제목을 봤을 때는, 달콤한 과일에 빗대어 낭만적인 사랑을 노래한 시가 아닐까 하고 생각했어. 대학 때 배웠던 그의 초기 시집 『스무 편의 사랑의 시와 한 편의 절망의 노래』는 온통 달콤 쌉싸름한 연애시 투성이였거든. 하지만 아니었어. 그 시 속에는 치키타의 전신인 유나이티드 프루트라는 다국적 과일 기업의 폐해가 그려져 있었어. 그 시를 접하기 전에는 엄마도 다국적 기업이 그토록 비인간적으로 부를 축적해 왔다는 사실을 잘 몰랐고, 그로 인해 중남미와 동남아시아 국가와 같은 제3세계 국가들이 어떤 상황을 겪었는지도 잘 알지 못했어.

먼저 파블로 네루다라는 시인에 대해 알려 줘야겠지? 네루다는 1904년 칠레 국경 지방에서 철도 노동자의 아들로 태어났는데, 아마도 시적 재능을 타고났나 봐. 열아홉 살 때『스무 편의 사랑의 시와 한 편의 절망의 노래』를 출간하면서 곧바로 일약 스타가 됐지. 여기에다 스물세 살 때부터 미얀마, 스리랑카, 싱가포르 등 아시아 각국의 주재 영사를 맡았고 그 이후로 스페인, 아르헨티나, 멕시코 등지의 영사를 지냈으니 시인으로서는 물론 외교관으로서도 화려한 이력을 소유한 셈이야. 부와 명성을 누린 예술가라니, 드물게 운이 좋았던 경우라 할 수 있지. 하지만 그는 조국 칠레의 아픔, 더 넓게는 중남미의 동포들이 겪는 슬픔을 외면하지 않았어. 칠레 공산당의 상원 의원으로 활동했고, 시인으로서도 후기에는 연애시나 사물을 노래하는 시만이 아니라「마추픽추」같은 남미의 유적을 찬미하는 시라든가「유나이티드 프루트 사」같은 사회 참여 성향이 짙은 시도 지었지.

유나이티드 프루트 사가 우리에게는 낯설지 몰라도 실은 굉장히 유명한 회사야. 아니, 악명이 높다고 해야 정확하겠다. 한때는 중남미 여러 나라의 운명을 좌지우지할 정도로 힘이 셌거든. 제3세계는 선진국인 1세계에 종속되어 빈곤하고 발전도 더디다는 '종속 이론'의 대표적인 예로 거론될 만한 사례가 이 회사와도 관련이 있어. 과테말라를 예로 들어 볼게.

1954년 미국 중앙 정보국은 과테말라 군부와 공모해서 하코보 아

칠레의 시인 파블로 네루다.

르벤스 구스만(Jacobo Arbenz Guzmán)이라는 대통령을 강제로 쫓아 냈어. 백성들이 뽑은 멀쩡한 대통령을 말이야. 미국의 중앙 정보국 이면 자국인 미국의 일에나 신경 쓸 것이지 왜 남의 나라 일에 관여 했나 싶지? 그 배후에 유나이티드 프루트 사가 있었단다.

사건의 추이를 얘기하자면, 아르벤스 대통령이 가난한 농민들을 위해 토지 재분배를 핵심으로 하는 토지 개혁을 실시하려고 했어.

가난한 농민들에게 땅을 골고루 나눠 주겠다는 거였지. 나눠 줄 땅은 어디 있느냐고? 그래, 그게 문제였어. 아르벤스 대통령은 과테말라에 있는 수십만 헥타르에 달하는 유나이티드 프루트 사의 휴경 농지를 언급했어. 회사에 손해 배상을 요구해서 소유권을 몰수한 뒤 가난한 과테말라 국민들에게 분배하려는 계획이었던 거야. 미국 입장에서 보면 가만히 있다가는 곧 엄청난 손실을 입게 생겼거든. 게다가 마침 그 기업의 경영진 및 주주 중에는 당시 CIA 국장이던 앨런 덜레스와, 그의 형이자 미국 국무장관이던 존 포스터 덜레스 같은 명망 높은 고위 정치인들도 포함되어 있었어. 그들이 자기 이익을 위해서 힘과 권력을 이용하여 과테말라 일에 끼어든 거야. 중앙아메리카 지역에 공산주의가 확산되는 것을 막는다는 명목이었지. 쿠데타를 일으킨 결과는 어떻게 됐을까?

목숨이 위태로워진 아르벤스 대통령은 멕시코 대사관으로 달려가 정치적 망명을 신청한 뒤 쿠바로 도망쳐서 이후 1971년을 일기로 죽음을 맞이할 때까지 그곳에 머무르게 돼. 과테말라는 미국을 등에 업은 우익 군부 세력이 등장해서 권력을 잡았고, 이후 과테말라의 성장은 더뎌지게 되었지.

딴 얘기지만 엄마는 이걸 보면서 '먼로주의'의 문제점을 짚어 보게 됐어. 먼로주의란 1823년에 미국 대통령 먼로가 의회 연설에서 주장한 것인데, 유럽의 열강 나라들더러 더 이상 아메리카를 식민지화하지 말고 아메리카 대륙에 있는 주권 국가들에 대해 간섭하지 말라는 내용이었지. 그 대신 미국은 유럽 열강 사이의 전쟁에 중립을

취하겠다는 것이었어. 쉽게 말하자면 "유럽은 유럽의 것, 아메리카는 아메리카의 것. 그러니 유럽은 아메리카에 대해 간섭하지 마라." 쯤이 되겠지.

하지만 그 후 강대국이 된 미국은 '유럽은 유럽의 것, 중남미는 미국의 것.' 이렇게 생각한 것이 아닐까 의심스러워. 아메리카 대륙에서 자신의 세력을 확장해 갈 요량으로 미리 '유럽 국가들의 손 떼기'를 주장한 게 아닌가 싶을 정도야.

어쨌든 유나이티드 프루트 사는 중남미의 원주민들이 '녹색 교황'이라고 부를 만큼 절대 권력을 행사해 왔어. 일개 회사의 주주들이 과테말라 정권까지 바꿔 버렸으니 그렇게 부를 만도 했지.

사실 애초에는 그렇게 무소불위의 권력을 휘두르는 회사로 성장할 줄 아무도 몰랐지. 처음에는 돈을 벌어 볼까 하고 철도 사업을 벌였는데, 그 사업은 실패했어. 그런데 철로 주변에 심은 바나나가 무성하게 자라자 그걸 냉장 장치가 장착된 배로 수출하면서 매출이 올랐고, 그러자 아예 과일 회사로 업종을 변경한 거야. 장사가 잘되자 싼값에 중앙아메리카 땅을 매입해서 19세기 말 플랜테이션으로 대량 생산을 하기 시작했어. 그렇게 차츰 중남미 국가들의 바나나 무역과 운송 기반 시설을 장악해서, 지방 정부에도 막강한 영향력을 행사하게 된 거였어. 이 회사는 정치, 우편 업무, 바나나 플랜테이션까지 거대한 촉수를 뻗어 '문어발 조직'으로 점점 성장해 갔어.[•]
시간이 흐르면서 이 회사의 악명이 높아지자 유나이티드 프루트라

• 아담 리스 골너 『과일 사냥꾼』 280~81면.

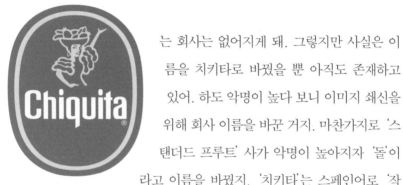

는 회사는 없어지게 돼. 그렇지만 사실은 이름을 치키타로 바꿨을 뿐 아직도 존재하고 있어. 하도 악명이 높다 보니 이미지 쇄신을 위해 회사 이름을 바꾼 거지. 마찬가지로 '스탠더드 프루트' 사가 악명이 높아지자 '돌'이라고 이름을 바꿨지. '치키타'는 스페인어로 '작은 소녀'라는 뜻이래. 로고도 작고 귀여운 소녀가 과일 바구니를 머리에 이고 있는 모습이고. 이름뿐 아니라 사업 방식도 그렇게 귀엽고 친근하게 바뀌면 좋을 텐데 말이지.

바나나 리퍼블릭의 비애

바나나 리퍼블릭(Banana republic)이라는 말, 혹시 들어 본 적 있어? 어디선가 들어 본 것 같다고? 아마도 인터넷에 검색해 보면 온통 미국 의류 브랜드인 '바나나 리퍼블릭'이 나올 거야. 남녀 의류며 신발, 주얼리에 향수까지 판매하는 회사 말이야. 그런데 잘 찾아보면 '바나나 리퍼블릭'에 다른 의미가 있다는 걸 알게 돼.

바나나 리퍼블릭, 말 그대로 하면 '바나나 공화국'이야. 코스타리카, 온두라스, 도미니카 공화국, 과테말라 등 중앙아메리카에 있는 몇몇 나라를 뭉뚱그려 지칭하는 용어란다. 이들 나라 국민 대부분이 커피나 바나나 같은 식물을 다루는 다국적 기업의 플랜테이션에서 일해서 번 돈으로 살아가거든. 다국적 기업의 영향권 아래서 일희일

비하면서 말이야. '바나나 생산국일 뿐, 그것 말고는 별로 존재감이 없는 나라'라고 비하하는 의미가 담겨 있다고 볼 수 있어.

『백 년 동안의 고독』이라는 소설이 있단다. 콜롬비아 출신으로 남미의 대표적인 소설가인 가르시아 마르케스의 작품인데, 1982년에 이 작가는 노벨 문학상을 받았지. 이 소설에도 미국의 막강한 군사력을 등에 업은 바나나 회사들이 라틴아메리카의 바나나 노동자들을 탄압한 얘기가 등장해. 물론 소설적 상상력으로 재구성하기는 했지만.

그건 실제로 1929년 콜롬비아에서 일어났던 사건을 토대로 쓴 거야. '콜롬비아 바나나 대학살'이라 불리는 일인데, 콜롬비아 군인들이 자국의 바나나 노동자들을 향해 무차별 사격한 사건이었지. 군인이면 그 나라의 국민을 보호해야 하는데, 왜 그런 짓을 저질렀을까? 이 사건 이면에도 바나나 회사가 관련되어 있어.

1920년대 초부터 콜롬비아의 바나나 농장에서 일하던 노동자들은 정당한 보수와 작업 환경의 개선을 요구했어. 요구가 번번이 좌절되자 급기야 1928년 10월에는 3만 2000명의 노동자가 파업에 나서게 되었지.

그러자 회사는 콜롬비아 정부를 압박했고 정부는 계엄을 선포했어. 헌법의 효력이 중단되고, 군사권이 발동됐지. 이렇게 비상사태가 선포된 상황에서 바나나 농장의 노동자들과 그 가족들이 시에네가 시 광장에서 열리는 예배에 참석하기 위해 모이자, 5분 안에 구역을 깨끗이 비우라는 명령을 받은 콜롬비아 군인들이 기관총으로

니카라과 노동자들과 돌 사의 싸움을 기록한
다큐멘터리 영화 「바나나스(bananas!*)」.

무차별 사격을 한 것이었어. 이날 미국 대사는 군인들이 1,000명 이
상을 사살했다고 보고했다는구나.[*] 결국 외국의 바나나 회사 때문에
무고한 노동자들이 자기 나라의 군인들 손에 죽어 간 거야.

　바나나에는 이렇게 핏빛 역사가 담겨 있어. 중남미 국민들의 이런

• 댄 쾨펠 『바나나—세계를 바꾼 과일의 운명』, 김세진 옮김, 이마고 2010.

희생을 떠올리면 식탁 위의 바나나도 더 이상 달콤하게만 보이지는
않을 것 같아.

포도

칠레산 포도가
우리 식탁에 오르기까지

grape

포도가 하도 탐스러워서 엄마가 몇 송이 사 왔어. 어때, 먹음직스럽지? 너희는 포도 하면 뭐가 떠오르니? 이솝 우화의 여우와 신포도? 그리스 신화에서 디오니소스가 포도주를 만들었다는 이야기도 있다고? 그래, 사실 포도는 인류가 가장 오래전부터 길러 온 과일 가운데 하나야. 그래서인지 성경에도 자주 등장하지. 창세기 9장 20절에 "노아가 농사를 시작하여 포도나무를 심었더니"라는 구절이 나오잖아. 그 밖에 물을 포도주로 바꾼 이야기도 있고, 최후의 만찬에서도 예수가 포도주를 가리켜서 "이것은 내 피다."라고 말하지. 게다가 포도나무는 하나님의 나라를 뜻하기도 했으니, 중세의 수도사들이 포도나무를 재배한 것은 그 상징과도 무관하지 않을 거야.

포도가 익는 계절은?

그런데 포도의 수확기는 언제일까? 잘 모르겠다고? 시를 통해 살펴볼까? "내 고장 칠월은/청포도가 익어 가는 시절"이라고 말하는 이육사 시인의 「청포도」가 있잖아. 또 릴케의 시 「가을날」에도 이런 구절이 있지. "여름은 참으로 위대했습니다. (…) 무거운 포도송이에 마지막 단맛이 스미게 해 주십시오." 이 시들을 통해 포도는 여름에 익어서 가을에 주로 수확하는 과일이라는 걸 알 수 있지. 그런데 요즘은 가을이 아니어도 언제든지 쉽게 포도를 먹을 수 있어. 온실에서 키운 거냐고? 그럴 수도 있겠지만 다른 큰 이유가 있어.

요즘은 알맹이가 굵고 탐스러운 레드글로브(Red Globe)라는 품종이 많이 보여. 수입산이지. 어느 나라에서 수입되었을까? 힌트 줄게. 앞서 말한 파블로 네루다의 나라야. 맞아, 정답은 칠레. 칠레는 세계 1위의 포도 수출국이란다.

칠레, 우리나라 최초의
'자유 무역 협정(FTA)' 체결 국가

자, 한번 생각해 보자. 일단 둥근 지구를 머릿속에 떠올려 봐. 지구는 공 모양이잖니? 우리나라에서 시작해서 지구의 한가운데를 꼬치 꿰듯 뚫고 나가는 선을 상상해 봐. 그렇게 빠져나간 우리나라의 지구 정반대편은 우루과이의 남동쪽 바다 위래. 우루과이는 남아메리카 대륙에 위치한 나라잖아. 칠레도 그 부근에 있어. 남아메리카 대륙의 서쪽 해안을 따라 길게 이어진 땅이 바로 칠레야.

그렇다면 좀 이상하지 않니? 그렇게 먼 곳이면 운송비도 비싸고 시간도 많이 걸릴 텐데, 왜 하필 칠레에서 포도를 수입할까? 포도는 프랑스나 이탈리아, 미국에서도 많이 재배될 텐데 말이야. 아니면 아예 중국처럼 가까운 곳이 낫지 않을까?

자, 크게 어려운 문제는 아니야. 차근차근 생각해 보자. 아까 말한 것처럼 포도 재배국으로는 스페인, 프랑스, 이탈리아, 미국, 중국 등 여러 나라가 있지만, 이들은 전부 북반구에 위치하고 있어. 위도상으로 우리와 비슷하지. 우리나라와 계절이 같으니 포도 수확 시기도 비슷해. 그런데 칠레는 남반구에 있으니까 우리와 계절이 반대인 거야. 우리가 겨울일 때 그곳은 여름이고 우리가 봄일 때 그곳은 가을이기 때문에 우리나라에서 포도가 귀할 때 칠레는 본격적인 포도 수확기에 접어드는 거지.

우리나라는 주된 수출 품목이 자동차, 철강, 가전제품 같은 것들로 전반적으로 공업형인 데 비해, 칠레는 공산품을 수입하고 반대로 농산물을 수출하는 나라야. 서로에게 부족하고 아쉬운 것들을 적절히 주고받는다면 양쪽 모두에게 이롭겠지.

우리나라가 '자유 무역 협정(FTA)'을 체결한 최초의 나라가 바로 칠레라는 사실, 알고 있니? 자유 무역 협정이란 관세를 비롯한 무역 장벽을 낮추거나 없애자는 약속이야. 대개는 물건 값에 세금이 덧붙기 때문에 수입품은 비싸지는 것이거든. 그건 국내 산업을 보호하기 위해서이기도 하고, 그 외 여러 이유들이 있지. 그런데 그 세금을 낮추고 통관 업무를 간소화하면 수입품이 싸지겠지? 크고 탐스러운 포도가 한 송이에 3,500원 정도니까, 포도 수확철의 우리나라 포도보다도 더 싼 편이잖아. 먼 곳에서 오느라 운송료도 들었을 텐데 말이야.

그렇다면 원래 포도가 수확되던 산지에서는 얼마나 싼값에 사들였을까? 칠레 포도 농장에서 일하는 노동자들이 받게 되는 임금은 얼마나 적은 걸까? 바나나, 커피, 설탕, 초콜릿 등 많은 먹을거리가 다국적 기업의 배만 불릴 뿐, 정작 현지의 생산자들은 여전히 가난하게 산다는 글을 많이 읽어서인지 염려가 되더구나. 그러다 문득 먼 칠레 농부 걱정보다 우리나라 농민 걱정부터 해야 하는 건 아닌가 싶기도 했어. 칠레와의 자유 무역 협정이 체결되기 직전, 반대 시위에 참석했던 마르고 그을린 얼굴의 농부들 생각이 나면서 말이야. 너희들 생각은 어때?

2005년 한국 농민들의 한-칠레 자유 무역 협정 반대 시위.

콜럼버스의 공은
세계인의 식탁을 풍성하게 한 것?

유럽에 있던 포도가 아메리카 대륙에서 재배되기 시작한 것은 1493년부터였대. 콜럼버스가 신대륙에 두 번째 방문할 때 유럽 대륙에서 남아메리카 대륙으로 포도나무를 가져간 거지. 포도는 곧 남아메리카 대륙 전체에 빠르게 퍼져서 페루를 거쳐 1548년 칠레에 도달하게 되었대. 그랬는데 지금은 아까 말한 대로 칠레가 세계 제일의 포도 수출국이 되었으니, 묘하지?

앞에서 후추 얘기할 때도 말했지만, 콜럼버스가 신대륙을 찾아 모험을 떠난 것은 황금과 향신료를 얻어 부자가 되고 싶은 욕망 때문이었어. 하지만 콜럼버스의 진짜 공로는 유럽과 남아메리카의 식재료를 양쪽에 소개한 것으로 봐야 하지 않을까? 콜럼버스가 아메리카 대륙을 발견한 이후 유럽에는 감자, 토마토, 옥수수, 카카오, 파인애플 등의 먹을거리가 잔뜩 들어왔고, 남아메리카에는 포도와 커피 같은 구대륙의 식물이 전파되었으니까. 세계인의 식탁에 그야말로 엄청난 변화를 가져온 거야. 야마랑 알파카 같은 가축밖에 없던 남미에 양, 소, 말 등이 퍼지게 된 계기가 되기도 했고.

그런데 콜럼버스가 신대륙에 전한 것 중 가장 무서운 것은 따로 있어. 바로 유럽에서 유입된 무기와 천연두 같은 전염병이야. 아메리카 원주민들은 이로 인해 숱하게 죽어 갔지. 유럽인들의 시각으로 본다면 콜럼버스는 자기 생활 반경과 세계를 넓혀 준 사람이겠지만 아메리카 원주민들 입장에서는 그들의 삶과 문화를 송두리째 빼앗아 간 사람일 거야. 엄마는 이 점도 우리가 기억해야 한다고 생각해.

샴페인에 담긴 정치적 알력

포도를 날것 그대로 먹지 않고 소비하는 방법 중 제일 주된 것은 아마 포도주로 담그는 것일 거야. 와인을 비롯해 알코올 도수가 높은 코냑, 기포가 생겨나게 만든 샴페인도 포함해서 말이야.

재미있는 사실 하나 알려 줄까? 제1차 세계 대전을 끝낼 때 작성한 종전 협약이 있는데, 베르사유 궁전 안 거울의 방에서 작성했기 때문에 베르사유 조약이라고 부르는 이 문서에는 샴페인에 대한 조항이 들어 있어. '샴페인'이라는 발포성 포도주는 그 이름이 프랑스의 상파뉴 지방에서 만들어진 데서 유래했으니 그 지방에서 생산되는 포도주에만 샴페인이라는 명칭을 붙일 수 있도록 제한한 거지. 이렇게 한 이유는 승전국인 프랑스가 패전국인 독일의 포도주 산업을 규제하려 했기 때문이야.

사실 베르사유 조약은 독일에 대해 지나치게 가혹했다고 보는 의견이 많아. 그 때문에 궁지에 몰린 독일이 또다시 전쟁을 벌일 수밖에 없었다는 설이 있을 정도지. 베르사유 조약 당시 승전국은 미국과 영국, 프랑스였고, 패전국은 독일과 오스트리아였잖아? 그중 특히 프랑스는 독일에 대해 많은 요구를 했지. 그 내막을 들여다보면 프랑스와 독일의 역사적 관계가 자리하고 있어. 너희들도「마지막 수업」이라는 소설을 읽어 봤을 거야. 이 소설의 배경인 보불 전쟁에서 프랑스는 독일, 정확히는 독일의 전신인 프로이센에 알자스로렌 땅을 넘겨야 했거든. 프랑스 사람들은 이때 큰 울분이 쌓였지. 그뿐이 아니야. 독일이 빌헬름 1세의 황제 즉위식을 베르사유 궁전에서 올렸을 때 프랑스 국민들이 느낀 비애감은 이루 다 말할 수 없었어. 그런 데다 제1차 세계 대전으로 인해 프랑스가 입은 피해가 어마어마했거든. 130만 명 이상이 죽고 420만 명 이상이 부상당하고, 53만 명 이상이 포로가 되거나 실종 상태가 되었대. 프랑스는 이 때문에 베르사유 조약을 체결할 때 패전국 독일을 가혹하게 몰아붙였는지도 몰라. 우선 1320억 마르크라는 어마어마한 액수의 배상금을 요구했고, 알자스로렌 땅을 반환하도록 했어. 독일은 벨기에, 폴란드

베르사유 조약이 체결되었던 베르사유 궁전의 거울의 방.
이 조약은 독일에 가혹한 처사가 많았다는 시각이 있다.

등에도 조금씩 땅을 떼 줘야 해서 결국 독일 영토의 10퍼센트가량이 줄어들게 되었대. 게다가 해외에 있던 독일의 식민지도 독립시켜야 했지. 독일이 또다시 전쟁을 하지 못하도록 전쟁 물자를 파괴하게 하고 그 뒤로도 독일의 군비와 병력을 철저히 제한했단다. 여기에다 프랑스는 독일의 포도주 산업까지 규제할 요량으로 샴페인이라는 이름의 사용에도 제약을 가했던 거지.

상파뉴 지방의 발포성 포도주만을 '샴페인'이라 부르게 했지만, 사실 요즘은 샴페인이라는 말이 일반 명사로 쓰이고 있어. 그건 베르사유 조약이 체결될 때 미국 상원 의회에서 이 조항에 대한 비준을 하지 않았기 때문이라고 해. 그래서 미국에서는 샴페인이라는 말을 어디든 자유롭게 쓸 수 있었던 거야.

보르도의 밭에서는 포도가 익어 가고 있다

엄마는 몇 년 전에 프랑스에 잠시 다녀올 기회가 있었어. 혼자서 파리를 거닐게 되어 들떴었지. 발길 닿는 대로 가다 보니 자그마한 광장에 높이 솟은 청동상이 하나 있는 거야. 여기가 어딜까 궁금했는데, 주변에 물어볼 만한 사람이 없더라. 겨우 행인을 붙잡고 물어보면 어깨를 으쓱하거나 고개를 숙이고는 서둘러 가 버리더라고.

그러다 마침 커다란 트럭 한 대가 근처에 서더니, 웬 잘생긴 흑인 청년이 나와서 쓰레기 수거를 하려는 거야. 그래서 물었지. 이번에는 "우 에 이씨(Où est ici)?" 하고 짧은 프랑스어로 여기가 어디냐고 물어봤단다. 혹시나 프랑스어에 대한 자부심 때문에 영어로 물으면 대답을 안 한 건가 싶어서 말이야. 그 남자는 나를 쓱 보더니 "방돔. 방돔 플라자." 하고 대답하고는 고른 이를 드러내며 씩 웃었단다.

아하! 방돔 광장이었구나. 그제야 알 수가 있었어. 며칠 뒤에 유럽에서 가이드 생활을 오래 한 한국인을 만났을 때 이때 일을 물어봤지.

"저, 여기 파리 사람들은 생각보다 불친절한 것 같아요. 길을 묻는데 눈길을 피하거나 아예 손을 휘휘 내젓고 가 버리더라고요. 겨우 한 사람, 흑인 청소부만 대답을 해 줬어요. 그것도 짧은 불어로 물었을 때요. 아직도 인종 차별 의식이나 프랑스어 제일주의 같은 게 남아 있나요?"

"아니에요, 그런 건 아닐 거예요. 길에서 마주친 사람들이 파리에 사는 주민이 아닐 가능성이 높아요. 이맘때는 휴가철이니까, 대낮에 돌아다니는 사람들은 대부분 외국인일걸요. 자기네들도 지리에 어두운 거죠. 아님 영어를 모르거나."

그러고 보니 그 흑인은 청소부여서 지리를 잘 알고 있었나 봐. 머쓱해졌지 뭐야.

그런데 실제로 프랑스에서 거리 청소 같은 힘든 일을 하는 사람들 중에는 아프리카, 특히 알제리 등지에서 온 사람들이 많아. 이것도 얘기하자면 긴데, 결론부터 말하자면 제국주의 때문이라고 할 수 있지. 제국주의 시대 때 몇몇 나라가 아시아와 아프리카, 중남미의 많은 나라를 식민지로 삼았거든. 몇몇 나라들이 나눠 먹는 가운데, 아프리카는 대체로 영국과 프랑스가 차지했어.

특히 프랑스는 1914년까지 아프리카 지역에 끊임없이 식민지를 건설했지. 북아프리카의 모로코, 알제리, 튀니지, 서아프리카의 세네갈, 말리, 모리타니, 부르키나파소, 기니, 코트디부아르, 니제르, 베냉, 중앙아프리카의 차드, 중앙아프리카 공화국, 가봉, 콩고, 홍해 유역의 지부티, 인도양의 마다가스카르와 코모로, 레위니옹 섬 등이 모두 프랑스의 식민지였지. 게다가 제1차 세계 대전 후에는 전승국의 일원으로서 카메룬의 일부와 토고까지 획득했고. 이렇게 식민지를 넓혀 가다 보니 한때 프랑스는 아프리카에서 가장 넓은 땅을 차지한 나라였단다.

그러다 1956년 모로코와 튀니지가 프랑스에서 독립하고, 1962년에 알제리도 자기들의 나라를 만들었어. 나머지 나라들도 비슷한 시기에 독립했지만, 식민지 시절부터 아프리카 사람들이 많이들 노예나 일꾼으로 프랑스에 끌려갔고, 독립 이후로는 아프리카인 스스로가 프랑스로 건너가 일자리를 구한 경우가 많아. 아프리카에서 먹고 살기 힘든 사람들이 프랑스어를 할 수 있으면 프랑스에 가서 일자리를 구했거든.

게다가 1960년대에는 유럽이 경제적으로 호황을 누렸기 때문에 노동력이 많이 필요했어. 그런데 유럽은 출산율이 낮아서 노동력이 부족했지. 그래서 그 대안으로 '게스트 워커(guest worker)'들을 적극적으로 들여왔단다. 노동력 부족을 해결하기 위해 남유럽이나 동유럽 또는 아프리카 출신의 이민자들을 이용했던 거야. 게스트 워커

• 서상현, 김광수 『아프리카 용어 사전』, 다해 2002, 72면.

란 문자 그대로 풀면 '손님 노동자'쯤이 될까? 일손이 부족할 때 와서 돕는, 객으로서 불러들인 노동자라는 뜻이겠지. 독일에는 터키 사람들이, 프랑스에는 북아프리카 사람들이 많이 들어왔대. 그중에서도 특히 알제리 사람들이 많았고. 지금 프랑스에 살고 있는 알제리 노동자만 해도 백만 명이 넘는다고 하니, 정말 많은 숫자지?

  엄마는 프랑스 여행 때 만난 그 가이드와 대화를 좀 더 나눴어.
  "아니, 아무리 휴가철이라고 해도 그렇지, 남아 있는 사람들도 많을 텐데……"
  "이 나라 사람들은 바캉스를 한두 달씩 다녀오거든요. 바캉스를 위해 일 년을 일한다는 생각을 할 정도로요."
  "한두 달씩 쉬면 생활에 지장이 없나요?"
  "정부에서 휴가 보조금을 주기도 하고, 노후를 위한 연금 제도가 잘되어 있어서 여유 자금을 굳이 많이 모아 둘 필요도 없고요. 그리고 파리 사람들이 떠난 곳에 외국인들이 찾아와서 관광하고 쇼핑하면서 돈을 쓰니까, 경제적인 면에서 보면 문제가 없다고 볼 수 있죠."
  듣다 보니 절로 부러워지는데 가이드가 한마디를 더 보탰어.
  "아, 또 있습니다. 바캉스를 떠나도 보르도의 너른 밭에서는 여름 햇살을 받으면서 포도알이 굵어지고 있으니까요."
  정말 그렇겠구나 싶더라. 너른 포도밭과 와인 저장소가 있기는커녕 남북으로 대치된 채 국방비에 세금을 쏟아붓는 우리 처지를 생각하니 너무나 속이 상했어.

프랑스가 공공장소에서 부르카 등 긴 베일로
얼굴을 가릴 수 없도록 한 데 대해 항의하는 무슬림 여성들.

　그런데 요즘은 프랑스에서 노후 연금, 복지 기금을 두고 젊은이들
이 시위를 할 만큼 경제 문제로 혼란을 겪고 있다는 뉴스가 들리곤
해. 경제 사정이 좋지 않다 보니 이민 노동자에 대한 시선도 많이 바
뀌었다고 하고.
　최근 보도를 보니, 프랑스가 공공장소에서 얼굴을 가리는 긴 베일
인 부르카를 착용하지 못하게 해서 무슬림들의 반발을 사고 있다고

하더구나. 북아프리카에서 이주한 사람들은 대개 이슬람을 믿거든. 9·11 테러 후부터 무슬림에 대한 인식이 나빠진 데다 요즘 유럽 경제가 어려워지니 이런 규제를 통해 무슬림을 압박하는 게 아닐까 싶어. 1960년대 경제 붐을 타고 들어온 게스트 워커들이 귀국하지 않고 유럽에 눌러앉은 경우가 많았는데, 일자리가 부족해진 요즘에는 일자리를 두고 그들과 다투는 양상이 된 거지.

지난 2004년에도 프랑스는 학교 안에서 히잡 착용을 금지한 적이 있어. 히잡은 얼굴만 내놓는 두건 같은 것이고 부르카나 니카브는 전신을 가리는 더 긴 베일이야. 그런데 학교 안에서 히잡을 못 쓰게 한 건, 무슬림에 대한 반감에서라기보다 프랑스의 공교육은 어떠한 종교로부터도 자유로워야 한다는 원칙 때문이었어. 성인이 되어서 스스로 종교를 선택하기 전에는 어떤 식으로도 아이들에게 종교적인 강제를 할 수 없다는 거지. 그래서 기독교의 상징인 십자가도 히잡과 마찬가지로 금지 항목에 들어 있었고.

그런데 2010년에 공공장소에서 부르카 등 긴 베일을 쓰지 못하게 한 것은 조금 달라. 금지 법안을 낸 측의 주장은 눈만 내놓고 얼굴과 몸 전체를 가리는 것은 여성을 차별하는 일이라는 거야. 그렇지만 왜 하필 요즘 이런 정책을 펴는 것일까. 혹시 경제 여파로 프랑스 사람들이 대혁명 때부터 소중히 지켜 온 자유, 평등, 우애의 정신마저 잊은 건 아닐까. 그토록 소중히 여기던 관용의 정신 '톨레랑스'가 점점 자리를 잃어 가는 것은 아닐지 생각해 볼 대목이야.

차

아편 전쟁이라는
큰일을 낸 작은 잎

엄마랑 차 한잔 마시지 않을래? 사실 엄마는 주로 커피를 마시기는 하지만 세계사의 굵직한 사건을 일으킨 이 기호품을 즐기면서, 차에 얽힌 얘기를 들려주고 싶었어.

차를 무슨 맛으로 마시느냐고? 쓰고 떫은 맛이 나서 싫다고? 그렇다면 차를 색다르게 즐기는 방법이 있지. 우선 찬장에서 잠자고 있던 도자기 주전자랑 찻잔부터 꺼내서 헹굴게. 찻주전자에 더운물을 채운 다음, 찻잎을 넣고 우려내는 거야. 그러는 동안 우유를 데워 놓아야 해. 자, 이제 입이 넓은 찻잔에다 찻물을 따라 보자. 어때? 발그레한 색깔이 정말 예쁘지? 그러면서도 맑아서 찻잔 바닥의 작은 꽃잎 무늬까지 다 비치잖아. 여기다 꿀이나 설탕을 넣고 데운 우유를 듬뿍 넣으면, 영국인들이 오후에 즐겨 마신다는 달달한 밀크 티 완성!

차 한잔을 권하는 이유

프랑스가 와인으로 유명하고 독일이 맥주로 유명하듯, 영국을 얘기하자면 홍차를 빼놓을 수 없단다. 오늘날에는 일반적인 기호품에 불과하지만 18세기 초까지만 해도 영국에서 차는 정말 귀한 것이어서, 작은 서랍에 차와 설탕을 넣은 뒤 자물쇠로 잠가 놓았을 정도로 소중히 다루었다고 해. 그러다 19세기에 영국의 식민지이던 인도의 아삼 지역 등에서 차 재배에 성공하면서 다량의 차를 쉽게 들여올 수 있게 되었지. 그러자 차의 가격도 내려가서 부유한 왕족이나 귀족들만이 아니라 노동자들도 차를 마시기 시작했어.

그러다가 산업 혁명을 거치면서 차는 영국인들 모두가 즐기는 일상적인 음료로 자리 잡았지. 산업 혁명이 차랑 무슨 상관이냐고? 차에는 카페인 성분이 들어 있어서 각성 효과가 있거든. 졸음이 오지 않고 일시적으로 정신이 번쩍 드는 느낌 말이야. 그래서 공장 같은 데서 생산성을 높이기 위해 노동자들에게 차를 제공했다고 해. 게다가 차에 넣는 설탕은 열량을 보충해 주는 효과가 있거든. 그러니 예전의 노동자들이 고된 노동을 잊으려고 의지하던 알코올이 몸을 축내거나 이런저런 말썽의 원인이 되던 것에 비해, '설탕 넣은 차'는 노동자들의 원기를 돋우면서 생산성도 높였으니 사회에서 권장했던 거야.

영국 삼각 무역의 실체

차와 관련된 세계사 이야기라면 보통 '보스턴 차 사건'을 떠올릴 거야. 미국 독립 운동의 도화선이 되었던 사건 말이야. 하지만 '아편 전쟁'도 차와 뗄 수 없지. 아편 전쟁이라니, 그럼 아편이 이야기의 재료냐고? 식탁 위에 그런 게 등장할 일은 없지 않느냐고? 하하, 그렇게 볼 수도 있겠지만 조금만 들어 보면 아편 전쟁의 원인 역시 차에서 시작된다는 걸 알 수 있을 거야.

아까 말했듯 영국 사람들은 차를 아주 좋아했어. 영국 물의 특성상 차가 잘 우러난다는 설도 있고, 예전부터 영국에서 허브를 뜯어 끓여 먹던 관습이 있어서 이국의 차 문화가 쉽게 정착할 수 있었다는 설도 있지. 하여간 영국에서는 점점 더 차의 수요가 늘어났어. 그런데 영국은 기후 조건이 찻잎을 재배하기에 적합하지 않아서 차를 수입했는데, 주로 중국에서 들여왔어. 중국은 아주 오랜 옛날부터 차를 생산해 왔거든. 그런데 영국은 중국에서 찻잎만 수입한 게 아니라, 차를 마실 때 쓰는 주전자며 찻잔 같은 도자기 제품들도 함께

사곤 했지. 당시 유럽에서는 그런 걸 만드는 기술이 없던 터라 중국 도자 제품이 인기가 많았어. 이국의 정취를 느끼면서 차를 마시는 것은 돈 많은 귀족들의 낭만적인 취미 생활이었지. 차츰 시간이 지나면서 귀족의 삶을 동경하던 계층에서도 점차 이 차 문화를 따라하게 되고, 교통이 발달하고 유통이 원활해져서 찻값이 싸지자 더 많은 수요가 발생하게 돼. 인기 많은 중국 찻잎의 수입량은 점점 늘어났지. 시간이 지날수록 영국 입장에서 보면 중국에 수출은 조금밖에 하지 못하는데 수입은 많아지니 무역 적자가 심각한 문제가 되었어.

그 당시에는 수입품을 살 때 은으로 결제를 했거든. 그런데 중국 물건을 얼마나 많이 사들였던지, 당시 청나라에서는 스페인 은화와 멕시코 은화가 통화로 사용될 정도였다고 해.

영국 정부 입장에서 보니 사태가 심상치 않은 거야. '어라? 이것 봐라. 우리는 자기네 차와 도자기를 하염없이 사는데, 쟤네가 우리한테서 사는 건 기껏해야 모직물 약간에 향료 조금이란 말이야. 은이 계속 중국으로 들어만 가니, 이거 이대로는 안 되겠는데. 우리도 중국에 팔 만한 게 없을까? 중국으로 흘러 들어가기만 하는 은을 다시 나오게 하는 방법이?'

영국은 궁리 끝에 한 가지 방안을 떠올렸는데, 그게 바로 아편이었어. 영국의 식민지였던 인도에서 아편을 재배한 다음 그것을 중국에 파는 거였지. 그렇게 영국과 인도와 중국 사이의 삼각 무역이 형성됐어.

아편의 재료는 무엇일까? 바로 양귀비란다. 하늘하늘 자태가 곱고

색도 아름다운 꽃 있잖아. 그 화려한 꽃이 시들고 나면 열매를 맺겠지? 동그랗고 예쁜 단지 모양의 열매 속에는 하얀 진액이 있는데, 그걸 농축시켜 놓은 게 아편이야. 아편은 의사의 처방에 따라 조금만 쓰면 좋은 진통제가 되기 때문에 수백 년 전부터 사용해 왔어. 하지만 많이 흡입하면 심신이 몽롱해지고 환상까지 보게 하는 무서운 마약이지. 게다가 한번 중독되면 여간해서는 끊기가 힘들다고 해. 그렇게 위험한 아편을 영국의 동인도 회사가 중국에 몰래 판 거야. 중국에 아편 중독자들이 늘어나면서 수요도 늘고 가격도 치솟았지. 이번에는 청나라가 아편 때문에 수출액보다 수입액이 많아지면서 다량의 은이 영국으로 빠져나갔어. 하지만 딱하게도 아편은 중독성이 심했지. 빚을 내는 것은 물론이고 집을 팔아서라도 아편을 사는 사람들이 속출했어. 중국의 아편 문제가 얼마나 심각했는지는 펄 벅의 『대지』라는 소설에서도 발견돼. 주인공 왕룽이 자기를 괴롭히던 삼촌과 그 가족을 자기 가족한테서 떨어뜨려 놓기 위해 의도적으로 아편에 중독되도록 만드는 장면이 나오거든. 그리고 영화 「마지막 황제」에도 청나라의 마지막 황후인 완룽이 아편에 중독된 모습이 그려지지. 아무튼 청나라는 지위가 높든 낮든 아편에서 헤어나지 못하는 사람들이 늘어났고, 그와 더불어 서구의 입김은 점점 더 거세졌던 거야.

양귀비꽃이 시들고 나면 이렇게 둥근 단지 모양의 열매가 맺힌다.
이 속의 진액으로 아편을 만든다.

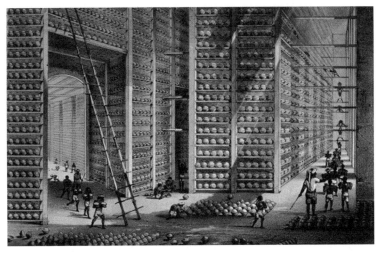

파트나 아편 창고. 파트나는 인도에서 생산되는 아편의 상표로,
값이 싸면서도 강력한 효과를 냈다. 아시아 전역을 석권하여 150년 동안
아편 무역과 동의어로 여겨질 만큼 대표적인 상품이 되었다.

중화사상에 빠진 명나라, 청나라의 시대착오

1400년대와 1500년대의 명나라 통치자들은 국제적으로는 다른 나라들과 교류를 적극적으로 하지 않는 고립주의 정책을 택했어. 그 시대 중국 사람들 생각에 중국은 세계 최고의 문명국이었으니 굳이 다른 나라와 교류할 이유가 없었거든. 여러 세기 동안 중국은 다른 국가들을 종속국 정도로 보아 왔어. 그러니 교류라기보다 신하 나라로 만들려고 했고, 그들에게 공물을 바치도록 하는 정도였지. 중국은 스스로를 '우수한 자'로 생각하고 주변국들을 '열등한 자'로 보았기 때문에 때로는 선심 쓰듯 황제가 받은 공물보다 더 호화로운 선물을 나눠 주기도 했어. 중국이 황하 문명 이래 역사가 깊은 문명국이었던 건 사실이니 기나긴 고립주의 기간에도 흔들리지 않을 수 있었을 거라고 봐.

그러다 사정이 달라지기 시작한 게 1644년이야. 명나라 통치자들은 반란군들에 의해 제거되고, 북쪽에서 내려온 유목민인 만주족이 권력을 장악하여 청나라를 세웠지. 청나라의 황제들은 오랫동안 안정적인 통치를 했지만 결국에는 이전 왕조들과 같은 문제에 맞닥뜨렸어. 농민 반란, 방위비의 과도한 지출, 관료의 부패와 비효율성 같은 문제들 말이야.

중국으로 간 유럽 상인들은 1600년대 이래로 외국인에게 문호가 개방된 유일한 항구인 광저우 지방에 터를 잡고 중국의 규칙을 따라왔어. 중국의 차와 비단으로 교역을 하면 큰 이득을 챙길 수 있었기 때문에 아무리 심한 제약이 있다 해도 대체로 잘 지켰지. 그러나 1700년대 말이 되자 아시아에서의 무역 규모가 점차 커졌고, 영국 정부는 자국의 무역 범위를 광저우뿐 아니라 중국 전체로 확대하고 싶어 했어. 그래서 1791년 영국 왕 조지 3세는 북경으로 사절단을 보내 영국과 중국 간 정상적인 통상 관계를 설립하려고 했어. 그는 매카트니(George Macartney) 경을 대표로 삼아서 영국 상인들을 위한 거주지를 마련해 줄 것과 기독교를 전도할 수 있게 할 것 등의 요구를 전달했지.

매카트니의 요구에는 이런 내용이 있었어. '차와 명주실의 생산지에서 가깝고, 모직물을 소비할 수 있는 기후이면서, 영국인이 관할권을 행사할 수 있는 지역의 토지 일부를 일정 기간 동안 빌려 달라.' 영국의 의도는 무엇이었을까? 중국의 차와 비단이 워낙 우수하니까 그것을 사 가는 대신 영국에서 생산한 모직물을 중국에 팔 수 있게끔 영국 상인들의 활동 반경을 넓혀 달라는 거였지.

매카트니가 당시 청의 황제 건륭제(乾隆帝)를 알현하던 날은 마침 황제의 생일이었대. 그래서 그는 망원경, 유리 접시, 수학 도구 등등 과학적으로 경이로운 물건을 생일 축하 선물로 건넸어. 그런데 황제는 그것들을 공물이라고 여겼어. 서로의 생각이 그처럼 달랐던 거지.

매카트니가 돌아간 다음 건륭제는 조지 3세에게 서신을 보냈어. 그는 예의 바르게 공물을 보내온 것은 주목했지만 자신은 천자(天子)로서 모든 것을 풍족하게 가지고 있으니 "외국 야만인들의 생산품은 필요가 없노라."고 했지. 그런 다음 그는 고압적인 태도를 유지하면서 영국의 요구를 모두 거절했어. 그러고는 두려움을 알고 복종하라는 경고로 편지를 맺었단다.

편지 내용이며 말투에서 드러나듯이, 당대 청나라 지도부는 국제 정세에 어두웠던 것 같아. 수천 년 동안 그래 왔듯 여전히 중국이 천하의 중심이라고 생각했던 거야. 영국이 얼마나 강국인지, 뒷일이 어떻게 진행되어 갈지 알지 못했던 건륭제는 그토록 고압적인 태도를 취하며 조지 3세의 요구를 묵살했던 거지.

건륭제는 60여 년 동안이나 나라를 다스리면서 청나라의 전성기를 이끌었지만, 말년에는 잘못된 인재 등용으로 나라를 사치와 부패로 얼룩지게 했어. 또한 앞의 사례에서 보듯이 세계 정세나 시대의 흐름을 읽지 못했고 따라서 그에 대비하지도 못했지. 건륭제 이후 청나라는 서양 세력의 침입과 국내의 환란으로 쇠락의 길을 걷게 되었단다.

아편 무역, 전쟁을 촉발하다

1700년경 아편 흡연이 널리 퍼지면서 중국 정부는 아편의 판매와 수입을 금지했어. 그러나 중국의 많은 관료들이 영국 상인들에게서 뇌물을 받고 묵인하거나 오히려 영국 상인들을 도와주면서 엄청난 양의 아편이 광저우로 끊임없이 밀수입되었어. 1830년대 말에는 500만 명이 넘는 중국인이 아편을 피울 정도였대.

한때는 차와 비단 값으로 영국에서 밀려들던 은이 이제는 계속해

아편을 피우는 모습. 아편에 중독된 중국 국민이 늘어나면서 국가의 부도 빠져나갔다.

서 빠져나가고 있는 거야. 그것도 백해무익한 아편을 사는 데 지불
하느라고 말이야. 돈도 돈이지만 백성들이 아편에 빠져 버렸으니,
일을 제대로 하지 못해 국가적으로는 생산성도 떨어졌지. 사회 기강
도 문란해지고 국민 보건은 크게 위협받는 지경이었어. 상황이 이렇
다 보니 중국 정부는 아편 밀수입에 단호하게 대처하기로 결심하게

아편을 파기하는 임칙서.

되었지.

1839년 중국 정부는 지금 말로 하면 '아편과의 전쟁'을 대대적으
로 벌여. 아편 거래상들을 체포해서 처형했던 거야. 그렇게 했는데도
아편 밀수가 줄어들기는커녕 꾸준히 증가하자, 황제 도광제는 강직
한 관리 임칙서(林則徐)를 광저우로 보내 아편 문제를 해결하라고 명
했어.

임칙서는 아편은 엄격히 금해야 한다고 주장하던 사람이었지. 아
편 흡연을 방치하면 수십 년 뒤의 중국에는 적에 맞서 싸울 병사도
없어지고 국가 재정도 바닥날 것이라고 우려했어. 그는 영국 상인과
정부 관료들을 자기네 창고에 감금하고 1,400톤이 넘는 양의 아편을
몰수해서 전부 파기했어.

아편 성분을 완전히 분해하기 위해서 강가에 구덩이를 판 다음 아편을 부수어 넣고 소금과 생석회를 한데 섞은 뒤 녹여서 방류했다는데, 워낙 아편의 양이 많다 보니 파기하는 데만도 20여 일이나 걸렸다고 해. 중국의 관점에서 이런 조처는 병들어 가는 나라를 구하기 위한 것이었어. 하지만 영국의 관점에서 보면 영국 시민을 감금한 행위와 아편을 파기한 데 따른 막대한 물질적인 손해가 발생한 셈이었지. 그래서 영국은 이 사건을 명분으로 삼아 1840년 전쟁을 일으켰어. 영국은 이것을 '무역 전쟁'이라고 불렀단다. 자유롭게 교역할 권리가 훼손되었다고 주장하면서. 반면에 중국인들은 '아편 전쟁'이라고 불렀어. 무역이니 자유로운 교역이니 둘러대지만, 불법적인 아편 거래가 핵심이었다고 주장하면서 말이지.

결과가 어땠느냐고? 영국의 승리, 중국의 패배였지. 중국 병력은 잘 조직되지도 못했고 구식 무기를 갖고 있던 데 비해, 영국 병사들은 성능 좋은 배와 무기로 무장하고 있었거든.

결국 전쟁이 터진 지 3년 뒤에 중국 정부는 영국의 요구에 굴복했어. '아편 전쟁'의 결과 영국과 중국은 1842년 난징 조약을 맺게 돼. 불평등한 조약이었지. 중국은 홍콩을 영국에 양도해야 했고, 광저우와 상하이 등 다섯 항구를 영국에 개방해야 했으며 2100만 달러의 배상금도 지불해야 했으니까.

아편 전쟁의 패배로 막대한 배상금을 물게 되자 청나라는 경제적으로 더 어려워졌고, 그것이 1851년에 '태평천국 운동' 같은 반란으로 터져 나왔지.

중학교 사회 교과서를 보면 아편 전쟁을 1차, 2차로 구분해 놓았을 거야. 지금까지 얘기한 건 1차 아편 전쟁인데, 난징 조약에 의해 개항된 다섯 항구는 대부분 남쪽에 위치해서 청나라의 수도 베이징과는 멀리 떨어져 있었어. 그러다 보니 영국으로서는 청나라 조정과 정치적인 협의를 하기도 쉽지 않았고 수출도 그다지 늘지 않았어. 중국에서는 가내 공업으로 면포를 만들어 입었는데, 값도 싸고 질도 좋아서 영국의 면직물을 좀처럼 사지 않는 거야. 그런 탓에 영국은 어떤 구실을 대서라도 난징 조약을 뜯어고치려고 했어.

그 당시 중국은 '태평천국의 난' 같은 반란이 전역에서 일어나 불안이 증가하던 때였어. 유럽인들은 그들의 조약을 보호하기 위해 부패한 만주 왕조를 지지하기로 결정했단다. 서구의 군대는 중국 군대를 훈련시켜 반란군들과 싸우는 데 도움을 주었지. 그리고 사회적 혼란을 틈타 프랑스와 영국은 새로운 통상 요구를 해 왔어.

1856년 광저우에서 청나라 관리 하나가 중국인 소유의 배 애로(Arrow)호에 올라가서는 그 배의 승무원 12명을 해적 혐의로 연행했어. 그 과정에서 영국 국기를 내린 일이 있었지. 사실 이 사건은 우발적인 것이었는데도 영국은 이를 빌미로 전쟁을 일으킨 거야. 프랑스의 나폴레옹 3세와 공동으로 병력을 일으켜 승리하지. 결국 청나라는 또 패배해서 톈진 조약을 맺게 돼. 이것이 바로 제2차 아편 전쟁이라 부르는 애로호 사건의 결말이야. 영국 입장에서는 이 기회를 틈타 난징 조약에서 못다 한 아쉬웠던 부분들을 추가했지. 외교 사절이 베이징에 주재할 것, 10개의 항구를 개항할 것, 외국인의 자유로운 내륙 여행을 보장할 것, 양쯔 강의 항구를 개방할 것, 600만 량의 배상금을 지불할 것 등등. 애로호 사건 같은 우발적인 일을 통해서 제국주의 국가들은 어마어마한 이권을 챙겼던 거야.

아까 말했듯이 제1차 아편 전쟁의 결과로 생긴 난징 조약 때문에 홍콩은 공식적으로 영국에 속하게 돼. 그렇게 홍콩은 오랫동안 영국 영토였어. 중국 대륙에 붙어 있지만, 저 멀리 있는 영국의 땅이었고 영국의 영향권하에 있었지. 자본주의가 도입되었고, 영어를 썼어. 서양인들의 입장에서 보면 홍콩은 아시아에 있지만 영어만 써도 살아가는 데 어려움이 없었지. 그러다 보니 세계 유수의 금융 기관, 언론기관 들이 속속 들어섰어. 땅은 좁은데 인구 밀도는 높아지자 건물은 점점 더 높아졌고 말이야.

지금은 어떨까? 홍콩은 조약에 따라 다시 중국으로 넘어갔어. 홍콩 반환 시점이 다가오던 무렵에는 양국 간에 긴장이 감돌기도 했지만, 일찌감치 중국의 덩샤오핑과 영국의 대처 수상이 합의문에 서명하고 반환 협상을 끝맺었단다. 1997년부터 50년 동안 고도의 자치를 허용하는 '일국양제(一國兩制)' 방식에 합의한 것이지. '일국양제'란 말 그대로 한 나라에 두 가지 제도를 받아들인다는 뜻으로, 중국이 홍콩에 대해 독립성을 인정한다는 의미야. 1996년 11월 영국 왕실 소총 부대(Royal Gurkha Rifles)가 홍콩에서 철수했고, 이듬해인 1997년 7월에 드디어 홍콩이 중국으로 반환되었지.

1997년 6월 30일 밤 11시 59분에 영국 악대가 영국 국가 「신이여 여왕을 지키소서」를 연주했고, 바로 몇 초 뒤인 1997년 7월 1일 0시

1997년 7월 1일에 열린 홍콩 반환식.
맨 왼쪽에 홍콩 특별 행정구 기가, 그 옆으로 중국의 국기인 오성홍기가 나부끼고 있다.

정각에 중국 인민 해방군의 군악대가 중국 국가인 「의용군 행진곡」
을 연주했어. 붉은 바탕에 다섯 개의 별이 그려진 중국의 국기 '오성
홍기'와, 홍콩을 상징하는 꽃 바우히니아 한 송이가 그려진 홍콩 특
별 행정구의 기가 함께 게양되고 있었지. 그렇게 해서 150년 넘게
영국의 통치를 받던 홍콩이 다시 중국으로 반환되는 것을 기리는 행
사가 마무리되었어.

　그렇다고 홍콩에서 영국 문화나 관습이 완전히 사라진 건 아니야.
홍콩인들이 영국식 발음으로 유창하게 영어를 구사하는 것도 역사
와 관련이 있고, 홍콩을 소개하는 여행 책자마다 거의 빼놓지 않고
소개하는 페닌슐라 호텔의 '애프터눈 티'에도 과거의 역사가 담겨

있지. 1928년 이 호텔이 개장하던 때부터 지금까지 계속 이어지는 오후의 티타임은 영국 문화가 지금까지도 이 지역에 녹아 있다는 증거야.

역사를 공부하다 보면 이처럼 오늘날 우리가 살고 있는 세상의 뒷이야기를 알게 될 때가 많단다. 그것이 역사를 공부하는 재미이기도 하지. 너희들도 역사에서 재미를 발견하길 바라며, 자 그럼 오늘의 티타임은 이것으로 끝!

참고한 책

강응천 『세계사 일주』 한겨레틴틴 2008.

구동회 · 이정록 『세계의 분쟁 지역』 푸른길 2005.

구드룬 슈리 『세계사를 뒤흔든 16가지 발견』, 김미선 옮김, 다산초당 2008.

권홍우 『99%의 롤 모델』 인물과사상사 2010.

김아리 『음식을 바꾼 문화 세계를 바꾼 음식』 아이세움 2002.

김학준 『러시아사』 대한교과서주식회사 2005.

내셔널 지오그래픽 편집부 엮음 『일생에 한 번은 맛보고 싶은 음식 여행』, 김화곤 외 옮김, 터치
아트 2011.

니키타 흐루시초프 『개인숭배와 그 결과들에 대하여』, 박상철 옮김, 책세상 2006.

대너 린더만 엮음 『역지사지 미국사』, 박거용 옮김, 이매진 2009.

댄 쾨펠 『바나나 — 세계를 바꾼 과일의 운명』, 김세진 옮김, 이마고 2010.

드미트리 안토노비치 볼코고노프 『크렘린의 수령들』(상·하), 김일환 외 옮김, 한송 1996.

래리 주커먼 『악마가 준 선물, 감자 이야기』, 박영준 옮김, 지호 2000.

마귈론 투생사마 『먹거리의 역사』(상·하), 이덕환 옮김, 까치 2002.

마이클 히키 외 『모든 전쟁을 끝내기 위한 전쟁』, 강민수 옮김, 플래닛미디어 2008.

마크 쿨란스키 『음식사변』, 이은영 옮김, 산해 2003.

문준웅 『커피와 차』 현암사 2004.

미야자키 마사카쓰 『지도로 보는 세계사』, 노은주 옮김, 이다미디어 2005.

박지향 『슬픈 아일랜드』 기파랑 2008.

박한제 외 『아틀라스 중국사』 사계절 2007.

베른트 잉그마르 구트베를레트 『역사의 오류』, 이지영 옮김, 열음사 2008.

볼프 슈나이더 『만들어진 승리자들』, 박종대 옮김, 을유문화사 2011.

서상현 외 『아프리카 용어 사전』 다해 2002.

세계 박학 클럽 『나라 이름으로 여행하는 지구 한 바퀴』, 윤경희 옮김, 노란우산 2009.

손영호 『다시 읽는 미국사』 교보문고 2011.

수잔 시트론 『한손에 잡히는 인간의 역사』, 최연순 옮김, 모티브북 2005.

수잔 와이즈 바우어 『교양 있는 우리 아이를 위한 세계 역사 이야기』(1~5), 이계정 외 옮김, 꼬마이실 2005.

스티븐 앰브로스 『만약에 1—군사 역사편』, 이종인 옮김, 세종연구원 2003.

스티븐 크롤 『세계사에 없는 세계사』, 데카 옮김, 내인생의책 2009.

시드니 민츠 『설탕과 권력』, 김문호 옮김, 지호 1998.

신채식 『동양사 개론』 삼영사 2006.

아담 리스 골너 『과일 사냥꾼』, 김선영 옮김, 살림 2010.

안토니아 프레이저 『마리 앙투아네트』, 정영문 · 이미애 옮김, 현대문학 2006.

앤털 패러디 『역사 잡학 사전』, 강미경 옮김, 보누스 2010.

앨런 브링클리 『있는 그대로의 미국사』(1~3), 황혜성 외 옮김, 휴머니스트 2005.

에드윈 무어 『그 순간 역사가 움직였다』, 차미례 옮김, 미래인 2009.

에른스트 곰브리치 『곰브리치 세계사』, 박민수 옮김, 비룡소 2010.

엘리자베스 부르고스 『나의 이름은 멘추』, 유정태 옮김, 지산미디어 1993.

유시민 『거꾸로 읽는 세계사』 푸른나무 2004.

윤경철 『대단한 지구 여행』 푸른길 2006.

윤덕노 『음식 잡학 사전』 북로드 2007.

이지은 『귀족의 은밀한 사생활』 지안 2006.

임계순 『중국의 여의주 홍콩』 한국경제신문 1997.

장 지글러 『왜 세계의 절반은 굶주리는가?』, 유영미 옮김, 갈라파고스 2007.

장클로드 바로 외 『오늘이 보이는 세계사』, 윤경 옮김, 푸른나무 2007.

제럴드 섹터 외 엮음 『흐루시초프—봉인되어 있던 증언』, 김국원 옮김, 시공사 1991.

제임스 잉글리스 『인류의 역사를 뒤흔든 말, 말, 말』, 강미경 옮김, 작가정신 2011.

주경철 『문화로 읽는 세계사』 사계절 2005.

지리교육연구회 지평 『지리 교사들, 남미와 만나다』 푸른길 2005.

실비아 엥글레르트 『상식과 교양으로 읽는 미국의 역사』, 장혜경 옮김, 웅진지식하우스 2006.

최경석 『청소년을 위한 역사란 무엇인가』 살림Friends 2008.

캐롤린 스틸 『음식, 도시의 운명을 가르다』, 이애리 옮김, 예지 2010.

케네스 C. 데이비스 『말랑하고 쫀득한 미국사 이야기』, 이충호 옮김, 푸른숲주니어 2010.

클라우스 클레버 『역사가 된 뉴스』, 배수아 옮김, 주니어김영사 2008.

토리 차르토프스키 『세계 500대 브랜드 사전』, 박희라 옮김, 더난출판 2006.

톰 스탠디지 『역사 한잔 하실까요?』, 차재호 옮김, 세종서적 2006.

프란스 판 데어 호프 외 『희망을 키우는 착한 소비』, 김영중 옮김, 서해문집 2008.

프레드리크 스탠턴 『위대한 협상』, 김춘수 옮김, 말글빛냄 2011.

피터 그레이 『아일랜드 대기근』, 장동현 옮김, 시공사 1998.

Fiona Macdonald & Richard Staton, *The Cold War*, Zondervan 2000.

Howard J. Langer, *The World War II 100*, Bounty Books 2006.

Liz Wyse & Caroline Lucas, *World History with Atlas*, Geddes & Grosset 2006.

Mark Willner, *Let's Review: Global History and Geography*, Barron's 2005.

Marvin Perry, *History of the World*, Houghton Mifflin 1989.

Bianca Jackson & Jonathan Morton edit., *Defining Moments in History*, Cassell Illustrated 2008.

Maureen Spurgeon, *Big Book of Famous People through History*, Brown Watson 2006.

사진 제공

연합뉴스 - 19면(위), 33면, 34면, 56면, 147면, 160면, 168면, 186면.

Diego Delso - 70면.

Don O'Brien - 134면(아래).

Free Software Foundation - 130면.

Getty Images / 멀티비츠 - 19면(아래), 37면, 113면, 123면.

Paul Stokstad - 144면.

U.S. Department of Agriculture - 126면.

William Murphy - 24면.

그림 출처

11면 - 빈센트 반 고흐 「감자 먹는 사람들」 1885년, 캔버스에 유채, 82×114cm, 반 고흐 미술관, 암
스테르담.

49면 - 디오스코로 테오필로 데 라 푸에블라 톨린 「크리스토퍼 콜럼버스의 신대륙 도착」 1862년, 캔
버스에 유채, Ayuntamiento de la Coruña, 스페인.

61면 - 「스페인으로 돌아와 이사벨 여왕과 페르난도 왕에게 환대받는 콜럼버스」 1850~1900년, 석
판 인쇄, 미국 의회 도서관 소장.

90면 - 엘리자베스 비제르브룅 「슈미즈 차림의 마리 앙투아네트」 1783년, 캔버스에 유채, 93.3×
79.1cm, 개인 소장, 독일.

105면 - 자크 드 브레빌 「농부들 사이의 앙리 4세」 1894년, 캔버스에 유채, Bibliothèque des Arts
Decoratifs, 파리.

108면 - 프랑수아 뒤부아 「성 바르톨로메오 축일의 학살」 1572~84년, 캔버스에 유채, 로잔 주립 미
술관, 스위스.

163면 - 윌리엄 오르펀 「1919년 6월 28일 베르사유 궁 거울의 방에서의 평화 조약 체결」 1919년, 캔
버스에 유채, 대영 제국 전쟁 박물관, 런던.

창비청소년문고 5

식탁 위의 세계사

초판 1쇄 발행 2012년 5월 29일
초판 66쇄 발행 2024년 9월 5일

지은이 이영숙 | 펴낸이 염종선 | 책임편집 정소영 | 펴낸곳 (주)창비
등록 1986년 8월 5일 제85호 | 주소 10881 경기도 파주시 회동길 184
전화 031-955-3333 | 팩스 031-955-3399(영업) 031-955-3400(편집)
홈페이지 www.changbi.com | 전자우편 ya@changbi.com

ⓒ 이영숙 2012
ISBN 978-89-364-5205-6 43900